# 予定通り進まないプロジェクトの進め方

前田 考歩
後藤 洋平

宣伝会議

# まえがき

今日の社会は、一億総プロジェクト社会、とでも称すべき状況にあります。情報技術が加速度的に進化し、ネットワークとコンピューターが担う領域は広がり続けています。次々とイノベーションが生まれ、考えられないようなスピードで既存ビジネスが廃れていく。ヒット商品を生み出したとしても、あっという間に競合者が登場したり、またはユーザーの気が変わって見向きもされなくなったりして、製品・サービスのライフサイクルはますます短くなっています。

そのような社会環境において、ルーティン・ワークと呼ばれる仕事は、日々少なくなっています。一方で重要度が高まっているのが、新領域の開拓です。新たな顧客の獲得、新たな製品の開発、新たな事業の立ち上げ。そうしたことに従事する機会は、ますます増えています。

本書は、そのようなルーティン・ワークではない仕事、計画を立ててもその通りに進まない仕事、すなわち「プロジェクト」を、いかにして前に進めるか、ということをテーマに、様々な分野で日々プロジェクトに取り組む、ビジネスの現場にいる方々に向けて執筆したものです。

プロジェクトマネジメントについての方法論といえば、PMBOK（ピンボック）に代表される各種の方法論が確立され、普及していますが、どうしてもSI開発プロジェクト等の「狭義のプロジェクトマネジメント」に特化されている面があります。いまや理系出身者や、プロジェクトの専門家でなくとも、ある日突然、プロジェクト的な仕事に従事せざるを得なくなる、ということは珍しいことではありません。プロジェクトとは、なかなかうまくいかない、なぜうまくいかないのかすら理解しづらい、非常に難解な面がありま す。一方で、少し視点を変えた発想やちょっとしたきっかけが、事態を打開し創造的解決につながる、クリエイティブで面白い面もあります。

プロジェクトにおける実務的なノウハウを体系化できないかと考え、筆者らは「プロジェクト工学」と、それを応用した「プロジェクト・エディティング」というコンセプトを提唱しています。プロジェクト工学とは、プロジェクトの進め方についての学問です。プロジェクトはなぜ計画通りに進まないか？　という問題意識をテーマに、世の中のあらゆる社会的な活動をプロジェクトとしてとらえ、これをマネジメントの対象と考えます。これを工学的なアプローチで解明し、より確実なプロジェクト推進方法を確立することを目指しています。

工学的なアプローチ、という言葉について補足します。これは、筆者（後藤）の大学での専門課程の恩師、ロボット工学分野の権威である新井民生先生の「観測ができること、記述ができること、制御ができること、この三つが可能でなければ工学は成立しない」という言葉に基づくものです。プロジェクトという姿形のないものをより確かに進めていくためには、警句やノウハウの集積ではなく、確かな体系に基づく方法論が必要です。人工物工学の対象は、従来の「モノ」の領域を遥かに超えて、情報システムやサービスといったものにまで及んでいますが、プロジェクトもまた、その対象たり得ると考えています。

本書の全体構成についてご紹介します。

第一章では、「そもそもプロジェクトとは何か、なぜプロジェクトは失敗するのか」ということについて述べます。いわば本書で取り扱うプロジェクトとは何かの定義を行う部分です。加えて、プロジェクト一般について、それが「いかなる過程や要因によって困難になるか」ということについて述べます。特に、認識の違いや手違いを生んでしまう、コミュニケーションの問題に触れます。

次に第二章では、世にある様々なプロジェクト管理のためのフレームワークやツールについて概観します。まずは、プロジェクトマネジメントの代表的な方法論であるPMBOKについて紹介し、その特徴を整理します。その上で、社会一般の身近なプロジェクトにおいて使用されるフレームワークやツール等について、その長所や使用上の注意について述べます。

ここまでは、私たちを取り巻く社会環境における一般論であり、本書を刊行するにあたっての問題提起の部分にあたります。以降がいよいよ本書のメインコンテンツである「プロジェクトを編集する方法」の考え方の紹介となります。

第三章ではまずその理論的背景、考え方の枠組みについて述べています。プロジェクトを困難なものにする要因を「三つの基本法則」の形で整理することによって、プロジェクトというものが、そもそも思った通りにいかないようにできているものなのだということを確認します。その上で、プロジェクトにおいて、「失敗」という結果をもたらさないためには「獲得目標の設定」と「勝利条件の更新」が重要なのだ、ということについて述べます。

第四章では、実際にプロジェクトを可視化するための方法について提案します。具体的には、「プロジェクト譜」の書き方について解説します。姿形のないプロジェクトというものを適切な方法で記述し、可視化する方法です。問題が可視化されることで、検討すべき問題が浮き彫りになります。これを理論だけでなく、実際の記述例を通して紹介します。

第五章は、プロジェクト譜を発展的、創造的に活用していくための「プロジェクト・エディティング」の考え方について解説します。アナロジー、アフォーダンス、アブダクションといった認知科学の考え方を取り入れることで、視野狭窄に陥りやすいプロジェクトの渦中において、その思考に新たな光をあて、創造的課題解決を行っていくための方法を提案します。

第六章では、プロジェクトの「振り返りかた」について解説します。ＰＤＣＡを何度も回して改善が可能なルーティン・ワークと違って、プロジェクトとは本質的に、一回きりのものです。その一回きりの行為に対して、どの時点でどのような思考をしたことが、最終的な結果に結びついたのか。そこに死角はなかったか。次に活かせる知見はあるのか。そのような知識の再獲得を行うために、将棋のプロ棋士が実践する方法にちなんだ「感想戦」について解説します。

結びとして最終章では、この出版企画自体をプロジェクトとしてとらえた、リアル感想戦の形で本書を総括します。

執筆は、まえがきから第三章までを後藤が、第四章、五章を前田が担当しました。第六章は再び後藤が担当した前半部分に、後藤・前田と編集者も交えて感想戦を実施した後半部分を加えたものとなっています。最終章は再び前田が担当しています。文章中の「筆者」は、この担当者を指しています。

目次

# 予定通り進まないプロジェクトの進め方

# 第1章 なぜプロジェクトは失敗するか

# 第2章 プロジェクトの道具箱



# 第3章 プロジェクト工学

## 第4章 プロジェクト譜 〜プ譜を使ってみる〜

## 第5章 プロジェクト・エディティングの技術



## 第6章 プロジェクトの感想戦

## 終章

# 第1章 なぜプロジェクトは失敗するか

そもそも軍も疲弊し鋭気もくじかれてやがて力も尽き、財貨も無くなったということであれば、外国の諸侯たちは、その困窮につけこんでおそいかかり、たとい身方に智謀の人がいても、とてもそれを防いでうまくあとしまつをすることはできない。

金谷 治 訳注『新訂 孫子』

# 1-1

# そもそもプロジェクトとはなにか

本章では、この本のテーマである「プロジェクトをいかに進めていくのか」を考えていくにあたって、本書で取り扱うプロジェクトの定義をします。またその上で、「プロジェクトが思った通りにいかない」という、私たちが日々直面している課題が、一体どのような理由によるものなのかについて考察したいと思います。

プロジェクトとは何か。それは一言でいえば、「未知との戦いの連続」です。未知との戦いにおいては、事前に立てた計画と実際の現実の間には、次々とギャップが生まれます。それによるゆがみ、ひずみが、いかに、プロジェクトに携わる者を苦しめるか。親しくプロジェクトというものを経験したことがある人にとっては、これは言わずもがなの真理です。そうでない人にとっては、なかなか理解しにくいものでもあります。

プロジェクト、と言えば、ＳＩプロジェクトやプラント建設プロジェクトといった、「いわゆる「プロジェクト」をイメージする人も多いかもしれません。世の中には、ＰＭＢＯＫをはじめとする様々な理論やそれに基づくツールも開発されています。ＰＭＰ、プロジェクトマネージャ試験といった、様々な資格もあります。これからはプロジェクトマネジメントの力が必要だ、ということで、関連する資格の勉強をしたことがあるという方もいるかもしれません。そのようなものを勉強するなかで、こう感じたことはないでしょうか。「本当にこの理論は、いま自分が直面している困難な現実に対して力を与えてくれるのだろうか？」と。

答えはイエスでもあり、ノーでもあります。

ＰＭＩ（プロジェクトマネジメント協会）が制定しているＰＭＢＯＫ（第5版）の定義では、「プロジェクトとは、独自のプロダクト、サービス、所産を創造するために実施する有期性のある業務」とされています。「独自の」「所産を創造」の言葉がとても大切で、つまり、まだやったことがないことをする、新しいものごとをつくる、ということを意味しています。この定義自体は、プロジェクトをＳＩやプラント建設といったものに限定していません。特定の業種や職種に限定されたものではなく、もっと広い範囲のことを指す定義をしているのです。ＰＭＢＯＫ自体がプロジェクトをそのように捉えて構築されていますが、非常に抽象的な理論体系であるため、自らのプロジェクトに応用することの難易度が高い面もあります。また多くの解説書は主にＳＩプロジェクトを念頭に置いていますので、専門分野が違う人がいきなりＰＭＢＯＫに挑戦すると、面食らってしまうことも多いと思います。

ルーティン・ワークでない仕事はすべてプロジェクトであり、社会的活動はすべてプロジェクトだ、といっても過言ではありません。完全に同一品質の大量生産品を作り続ける生産ラインであれば、話は別ですが、いまやそのような定型的な作業を主とする業務は日々少なくなっています。

起業をする、新規事業を立ち上げる、ということは、当然のことながら、プロジェクトである、といえます。一見、ルーティン・ワークのように見えて、そうでないものというう仕事もたくさんあります。書籍を出版する、販売促進企画を立てて、展開する。事業計画を立案し、執行する。企画や制作と名前がつく仕事は、必ずプロジェクト的なるものを内包しています。

ルート営業で、いつものようにいつもの受注をするだけだ、という人であっても、気がつけばそこにプロジェクト的なるものはあります。そのいつものオーダーがものすごく短納期であったり、扱ったことのないような大量オーダーであったり、未経験なオーダーをハンドリングするにあたって、四苦八苦しながら周囲を巻き込み、仕事を進めていくということがあるかと思います。これもやはり、プロジェクトです。

経理や財務、総務、人事といったバックオフィス業務にもやはり、プロジェクトというものは存在します。新たな資金調達、上場準備、オフィス移転といった華々しい仕事は言うまでもなくプロジェクトですが、それと意識していない日々の業務のなかにも、プロジェクト的なるものは内包されているのです。

企業活動だけでなく、個人的な活動においてもプロジェクトは存在します。例えば「マイホームを建てる」といったことは、まごうかたなきプロジェクトです。マイホームを立てたことのない人にとって、それはまさに未知との戦いの連続でしょう。予算はどうするのか、立地はどうか、間取りは、家具は、庭には何を設置するのか、ありとあらゆる意思決定を求められ、それが次に何につながるのかもわからない。家族の要望を聞き入れて、親の助言を飲み込み、担当者とああだこうだと折衝を重ねて、いつ終わるともしれない打合せに明け暮れる――ふと気づくと、一体自分はどこに向かっていたのだろうか、本当にこれは自分が望む人生に向かっているのだろうか、なんて自問自答。

さらに例を挙げるとすれば、旅行に行くということも、プロジェクトのプロジェクトたる、純粋な行為の一つです。初めて訪れる場所で、限られた時間と限られた予算、いかにしてその効用を最大化するか。先が読めないのが旅の醍醐味でもあり、面倒なところでもあります。

- 「未知」を「既知」に変換していく行為。
- ノウハウや知識の不足。
- 有限なお金と時間。

この三要素を満たしていれば、それはすなわちプロジェクトなのであり、その当事者であるあなたは、望むと望まざるとにかかわらず、プロジェクトマネージャなのです。

# 1-2 プロジェクトの種類

さて、ここまでは、身近な仕事にもプロジェクトはたくさんある、ということを述べました。もちろん、この人類史上、誰にとっても未知であるようなプロジェクトも存在します。例えば、火星移住計画などというものがあれば、それこそ前人未到のプロジェクトといえるでしょう。この例は極端なものですが、プロジェクト＝「未知との戦い」においては、その「未知さ加減」にはいくつかのレベルがある、ということです。

火星に移住する、人間を若返らせる新薬を開発する、マインドスポーツの世界でタイトルを総嘗めにする。世の中には、誰も見たことがない、前代未聞のプロジェクトというものが存在します。しかしそれは未知であることが誰にとっても明らかであるがゆえに、かえって取り組みやすい、とも言えます。むしろ私たちが日々直面しているのは、ありふれていて、できて当たり前に見えるけれども、実は難しいプロジェクトです。マイホームを

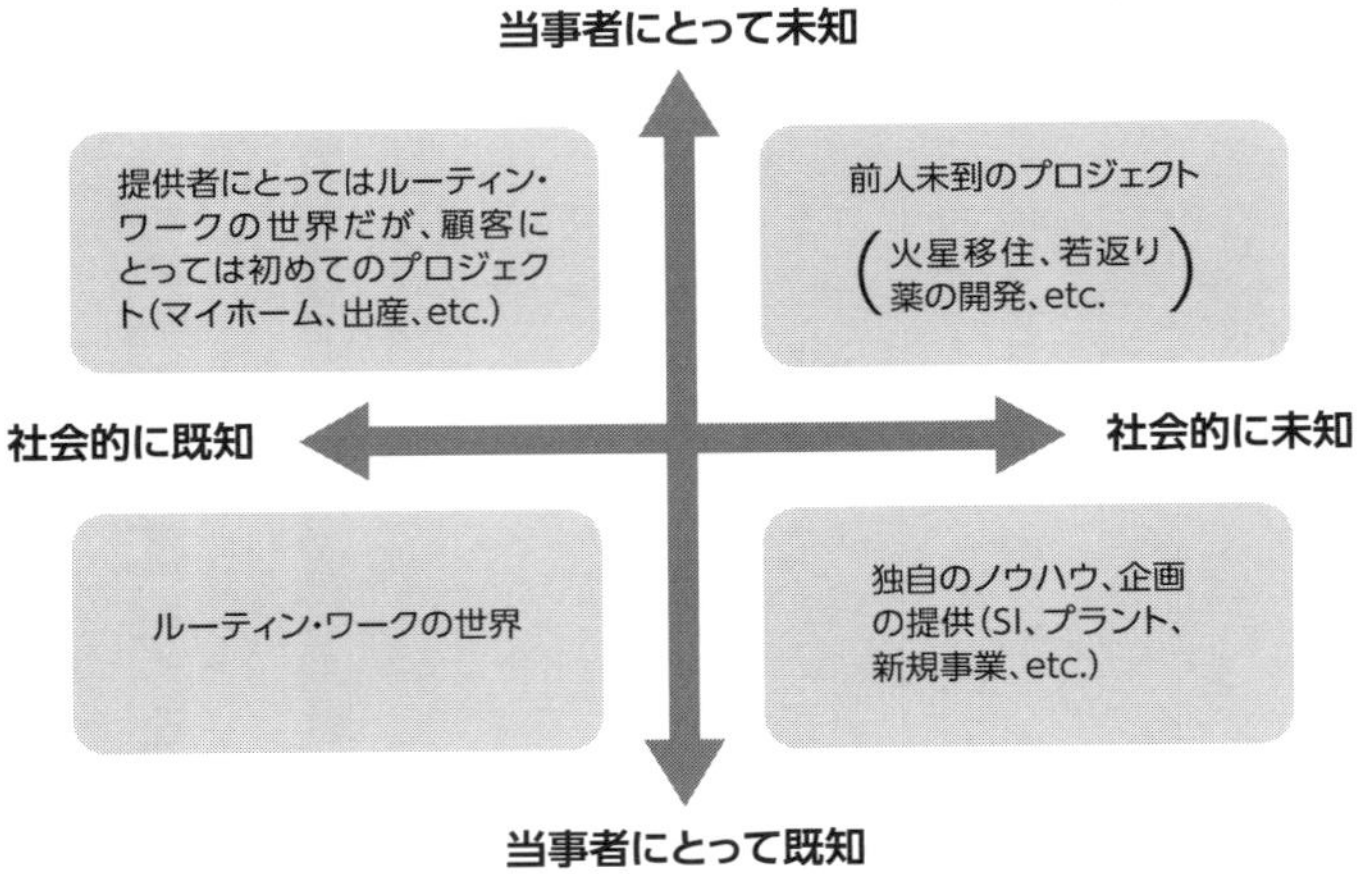


建てる、結婚式を挙げる、出産をするということはその最たるもので、これは特別な技術を要するものではありませんし、特別な才能を持った人だけの仕事というわけでもありません。ではそれは簡単なのかというと、決してそうではありません。

「メンバー」「予算規模」「納期／リードタイム」「クオリティ」「ビジネスモデル」「環境」「競合」「外敵」これらのうち、たったひとつだけであっても未知の要素があったとしたら、それはプロジェクトとして認識すべきです。どんなに手慣れた仕事であっても、一緒に携わる人が初対面であれば、難易度は高くなります。１億円規模の仕事と１０００万円規模の仕事は、力を入れるべき勘所も、注力すべきポイントも変わります。

# 1-3
# 想定外は当たり前

この社会で生活をして、計画を立てないということはありません。事業ビジネスの現場にいる人であれば、個別の案件に応じて計画を立てます。例えば、商品を受注すると必ず、納期が設定されます。それを提供していくための日程、段取りを組みます。ときに営業活動をするなかで、特別に大きな案件を受注したときや、関係者が広範囲にわたるときは、確実にそのプロジェクトを遂行するために、厳密なスケジュールを引いて、できうる限り手戻りのないよう、効率的に物事が進むよう、計画を立てます。

しかしここに、誰しもが直面する問題があります。それは、「計画が計画通りに進むということが、ほとんどない」ということです。クラウゼヴィッツの大著「戦争論」は非常に難解なことで有名ですが、例えばこの一節を読んで、共感しないプロジェクトマネージャはいないでしょう。

ここに一人の旅行者があるとする、彼は日の暮れぬうちに目的地に到着せねばならないが、それまでにあと二宿駅が残っている、この目的地に達するには、駅馬に四、五時間乗ればよい――これだけのことなら実に簡単である。

ところで彼が目的地の一つ手前の駅に到着してみると、駅馬が一頭もないか、或はあっても駄馬で物の役に立たない、そのうえ山地で道がひどく悪い、やがて暗夜になる、彼はさまざまな苦労を重ねてやっと目的地に辿り着き、みすぼらしい宿を見つけたのを無上の喜びとする。

クラウゼヴィッツ『戦争論』（篠田英雄訳　岩波文庫）

そもそも計画を立てる段階で、あらかじめ情報が充足しているということはありません。そのため、要点については関係各所の確認をした上で、多少のバッファを持たせたり、「ここが実現したら、次のステップに進む」のように日時を指定しない形で組んだりします。しかしそこまで注意をしていても、想定外のトラブルに巻き込まれることも珍しくありません。このようにして、ほとんどの計画は、遅れていくものです。プロジェクトに手慣れた人は、こういうときには「順調に遅れている」と嘯くものです。遅れやトラブルを想定し、その範囲内で遂行できた計画は「成功した計画」です。多くの場合は、進めるに従って新たな課題が浮上し、計画そのものの見直しに直面することになります。

多くのプロジェクトでは、「あれもやりたい、これもやりたい」の多くが実現できずに終わります。「最低限これだけは」というものが、かろうじて達成する、ということがほとんどです。結果、周囲からは低い評価、ブーイング、という有様。しかし一方で、不思議なことに、副産物としてなんらかの成果を得ることができた場合、それもまた「良かったじゃないか」ということになったりもします。

こうありたいと描いていたものが達成されるかどうかは、その時が来るまでわからないものです。しかし、その時が来て、達成できていなかったからといって、過去に戻ってやり直しがきくものではありません。当然、それを受け入れて軌道修正をしていくしかないのです。

計画とは、目的を達成するために必要なプロセスを記述するものです。しかし達成されたときには忘れ去られるものでもあります。遂行している間に状況が変化し、目的がすりかわることもあります。そしてその結果、当初の目的が達成されなくとも、問題にされなかったりもする。

プロジェクトにおける計画についてこのように考えていくと、計画を立てるということに対して、虚しさを感じるかもしれません。どうせ変わるものであるならば、いっそのこと立てる必要はないのではないか、と。かといって、これがないと道に迷ってしまうのも真理です。計画とは、あくまで現状認識を揃える地図のようなもの、「方便」なのであり、ただひとつ確かなことは、プロジェクトにおいて、当初立てた計画に固執することは、最も愚かなことだ、ということです。

# 1-4 コミュニケーションロス：要望、要求、要件、仕様、設計

## 「リンゴが欲しいから買ってきて」考

プロジェクトが、計画通りに進まない。これがなぜかと考えたときに、コミュニケーションの問題を避けて考えることはできません。世のあらゆるプロジェクトは人と人との共同作業によって営まれるものであり、プロジェクトにおける想定外事象や不測の事態とは、その多くが意思伝達の不具合によって生じているのです。本項では、そのコミュニケーションの問題を、身近な喩え話を通して考えてみたいと思います。

リンゴが欲しいから買ってきて、と誰かに頼まれたときのことを考えてみましょう。依頼をする側とそれを受ける側、互いの考えが一致していればこれほどたやすい仕事はありませんが、プロジェクトにおいては決してそんなことはありません。

リンゴ、と言われて、近所のスーパーに即座にお使いに走るのは、プロジェクトにおいては自殺行為です。リンゴが欲しいから買ってきてとオーダーした人は、赤いリンゴを欲しているのでしょうか、もしかしたら、青リンゴが欲しいかもしれません。

リンゴは一つでいいでしょうか、それとも袋詰の四つ入り？　それともダンボール箱にぎっしり欲しいかもしれません。産地は、青森産がいいのか長野産がいいのか。はたまた輸入物がいいのか。聞いてみると、意外な答えが返ってくるかもしれません。おやつにそのまま食べようとしているのでしょうか、それともアップルパイを作りたいのか、はたまたカレーの隠し味に使いたいのかもしれません。

もしかしたら、食べる用途ではない可能性もあります。デッサンのために欲しいのかもしれないですし、写真が撮りたいのかもしれません。

プロジェクトで仕事を請け負う人は、「もしかしたら、この人はリンゴではない何かを欲しているかもしれない」という想像力を働かせることも、ときに必要になります。人が「リンゴが欲しい」と発する時、その人自身が「本当に欲しているもの」を認識すらしていないことも多いものです。その人の真の欲求が、「空腹を満たしたい」であったとしたならば、もしかしたらチャーハンでもことたりるかもしれません。ビタミンCを補いたい、であれば、イチゴやみかんなどを盛り合わせると、喜ばれるかもしれません。

大事なのは、「リンゴが欲しい」というオーダーに対して、「なぜリンゴですか」「リンゴを使って、どうなりたいのですか」という質問を返すということです。当然、「すぐ欲しいですか」「いつまでに欲しいですか」「予算はどの程度準備がありますか」という予備質問を添えることも大切です。

依頼する側は、ただ「リンゴ」という言葉を発し、そのなかに（無意識のうちに）色々な思いをこめていますが、それを必要十分に表現するということはありません。とっさにスーパーのリンゴを渡すと、ときに激怒すらします。

かといって、逆に、このような質問攻めをしてしまった結果、かえって関係が悪化することもあります。質問をすると、かえってコミュニケーションがうまくいかない、というパターンです。「一を聞いたら十を察してほしい」「なんでもいいからとにかくリンゴであればなんでもいい」こういう人に、事細かな事前確認をするのは有効ではありません。

ときには「絶対的な服従関係を確認したいので、いまこの場で、理不尽な要求に相手が応じる様子を確認したい」ということも、あるときにはあります。そんな無茶な話があっていいものか、という話ですが、プロジェクトの炎上の度合によっては、この「踏み絵」

を通じて何かしらの見通しを立てる、という人もいます。

それがリンゴであるならば、ある程度はきちんと意思疎通できるかもしれませんが。例えばマイホームを建てる時、あなたのパートナーが「私は家族が笑顔になれる家が欲しい」なんて言ったら、それは一体、具体的にどういうものなのでしょうか。それはそれは難しい問いです。

## 「アイスクリーム味のチャーハン」問題

ただ単に、リンゴの調達が必要で、その要件定義をすればよいということであれば、慎重な人であれば簡単にこなすことができますし、何度も一緒に仕事をした同士であれば、それこそ阿吽の呼吸で「リンゴ買ってきて」に対して、「はい、これ」と渡してそれで終わり、ということになります。しかし、実際のプロジェクトの現場においては、「お腹いっぱいになりたい」「美味しいものが食べたい」「栄養価も大事」と様々な背景が混在しているものです。ただ一人の要求としてそれがあるのではなく、複数の人の要求を取りまとめて、整理した上でひとつのオーダーとして伝達する、ということが当たり前です。

実践の場では、これは「アイスクリーム味のチャーハン問題」として現れます。これは筆者の考えた、勝手な造語です。例えば、飲食店で「アイスクリーム味のチャーハンをください」なんてオーダーをする人はいないのですが、ことプロジェクトという特別な空間においては、人はこれに似たことをやってしまうものだ、ということです。

「チャーハンください。味は……えーと、アイスクリーム味で。ちなみにうちの子は卵アレルギーなので、代替食で。味にはこだわります。最近流行のエビ風味あんかけチャーハン、あんな感じがいいかなぁ。何かお薦めあります？　あ、あと、安くしてね！　盛り付けは綺麗なのが当然。プロなんだから、そこは気を利かせていい感じにしてくれたらオーケーです(^-^)」

もしこんな注文をする客がいたら、店員はきっと、「この人は味覚がおかしいのではないか」という仮説を立てるものです。なぜそれがすぐに判断できるのかといえば、その店員はチャーハンの味も、アイスクリームの味も、両方よく知っていて、そのふたつは基本的には混ざり合うことがないと知っているからです。

「業務アプリケーションを作りたいです。スマホとＰＣ両方で使いますが、どちらでログインしても見せる情報量は同じにしたいです。ちなみに、ITリテラシーが低いユーザーが弊社には何人か在籍しているので、直感的で使いやすいUIがいいです。インフラは最近流行のクラウドっていうんですか、クラウドがいいです。AWS以外にもベンダーってあるんでしたっけ、おすすめの方でお願いしたいです」

実はこれは、「アイスクリーム味のチャーハン」とほぼ同じぐらいに矛盾を含んだリクエストですが、きっとシステム開発に詳しくない人からすると、さほど変には感じないと思います。この人は、システム開発企画に対して、営業チームから、経営企画部門から、コスト管理部門から、様々な人からの要望をかき集めてオーダーをしていて、それは純然たる義務感、あるいは親切心で取りまとめ役を買っているわけですが、結果としてはうまく機能していません。

それはなぜか。システム開発という未知なるものを、未知なるままに取り扱おうとしているからです。

## 「アイスクリーム味のチャーハン」問題を解く方法

プロジェクトにおけるコミュニケーションが、いかに難しいかということについて、少し感覚がつかめてきたでしょうか。

「リンゴが欲しいといったのに、いつまでたってもリンゴがこない」

「ただ美味しいランチを食べたいだけなのに、味覚がおかしいと言われて注文が通らない」

これが、依頼する側の主観です。

「リンゴを急いで渡したら、これは違うといって理不尽な説教をされた」

「よくわからない注文を一方的に押しつけられて困る」

これが、依頼を受ける側の主観です。リンゴを頼めば、翌日には届く、そう考えて立てた計画が、いつまでたっても達成できない、それはいったいなぜなのかよくわからない。依頼をする側も、受ける側も、期日通りに必要なものを調達して一緒に喜びを分かち合いたい、そこは同じです。そこが同じはずなのに、両者の間には深い、コミュニケーションの谷が横たわっています。依頼する側の主観の中に閉じていても、それを受ける側の主観の中に閉じていても、いつまでたってもプロジェクトは前に進まない、これが現実です。両者の間で、共通の理解と行動を促す、「コミュニケーション・プロトコル」とでも言うべきものを、整備する必要があるのです。

それはすなわち、いま発している言葉が、「要望、要求、要件、仕様、設計」のどこに該当するのか、ということです。

例えば先ほどの注文では、「代替食で」という、仕様についての定義が含まれていますが、これは提供メニュー全般に対して指定する必要はないものです。「子ども用には取り皿を分ける」が最低限あればいい話ですし、その皿には「かた焼きそば」をのせることで、卵を回避することだって可能です。「卵を使わずに、卵のような味と食感を再現する」なんて、なんて難しいオーダーなのでしょう！　しかし「飲食業のプロであれば、当たり前にそんなものは作れるかもしれない」と考えるのが素人というものです。親切心で先回りして仕様を考えてあげたつもりが、現実的に成立し得ないオーダーとなってしまう。これは事故のもとです。

さて、先ほどのオーダーを、こうした形で整理すると、景色は一変します。

**要望**

- とても空腹なので、家族５人、できるだけ早くお腹いっぱいになりたい
- ただお腹を満たすだけでなく、食事としての楽しみも求めたい

**要求**

- ガッツリとしてボリューム感のあるメニュー
- メインディッシュだけでなく、デザートも食べたい
- 子どものアレルギーに対してケアをすること

**仕様**

- 大人用にエビ風味あんかけチャーハンを、大盛り２人前
- 子ども用には卵を用いないメニューを普通盛り３人前
- デザートに、アイスクリームを５人前（原材料に卵を含まない）

オーダーがこのように整理されて渡されれば、きっと厨房は安心して腕によりをかけ、メニューを立案し、調理することに集中できるというものです。またこの要望や要求を理

解していれば、「デザートに、香港風タピオカ入りココナッツミルクはいかがですか？」という提案をすることだってできますし、「エビ風味あんかけもいいですけど、うちは昔ながらの天津丼がおすすめで、これだったら5分で出せますよ」という提案も可能です。

つまり、ここにあるのは、創意工夫の楽しみであり、コストダウンの工夫です。

依頼する側の仕事とは、要望、要求、要件の整理です。仕様を決め、設計をするのは、ものづくりのプロたる、依頼を受ける側の領分です。もちろん、両者の間には適切な交流、意見交換があってしかるべきです。そうであればこそ、仕事は前に進みます。大切なのは、意見交換の場におけるルール、プロトコルを守るということです。

依頼を受ける側が、「食事としての楽しみだけでなく、栄養価も考えるべきではないか」と考え、提案することは自由ですが、相手にその了解を得ることなく、勝手に「有機野菜の野菜あんかけチャーハン」を作るのは、少々やりすぎというものです。依頼する側が、「中華鍋のサイズは特大サイズがいい」なんて、製造過程についての指定をするのは、悪いことではないですが、製造知識を持たずにピンポイントでこうしたことを指定するのは、かなり危険な行為だという自己認識が必要です。

## 言葉を交通整理する

要望、要求、要件、仕様、設計。プロジェクトにおいてはこうした別々の階層にある話が、ごちゃまぜになって始まり、互いに影響を与えながら進むものです。筆者が経験してきたなかで、これらの何がどのように作用して、認識の食い違いや手戻りにつながってしまうのか、整理してみました。

要望…プロジェクトを開始する根本となる動機

どんなプロジェクトも、要望がないところに始まることはありません。ほとんどの場合、「クラウドサービスを活用してコストダウンしたい」「新規事業を立ち上げて社内を活性化したい」といった形で、「手段」とセットになって語られることが多いのですが、その手段についての知見が不足しているために、しばしば「Aを通じてBしたい」のAとBの間に矛盾があり、プロジェクトを開始したあとにそれが明るみに出る、といったことが発生します。

本当は、要望を発する時点では「どう実現するか」を含む必要はないものであって、大事なのは「Aを通じて」ではなく、「Bしたい」のほうであるはずです。この矛盾に直面した際には、必ず「なりたい結果」に立ち返る必要がありますが、実際はその整理がなかなかつかないことが多いのです。

要求…要望をもとにして、正式に依頼する側とされる側の間で明示される情報

依頼をする側とされる側の間に、きちんと「要求」として定義していないことを「当たり前」として相手に求めるのは、後々の認識相違やトラブルのもとになります。それが費用や工数の伴う社会的行為であるならば、特に、何かが起きた「後」にそれを当たり前として提示するのは、時として重大なルール違反となることもあります。

ここで気をつけておく必要があるのは「当たり前だから話すまでもない」という無意識下の思考です。SIプロジェクトが失敗し、ときに訴訟になるニュースが話題になることがありますが、ここにおけるすれ違いに起因することが多いようです。すなわち、互いの当たり前の基準が食い違ってしまうことによる認識違いです。裁判等の判例を見ると、ユーザー側には「協力義務」がありベンダー側には「安全注意義務」があるとされていて、どちらがそれをより怠っていたのか、ということで司法的な判断が下りることが多いようで

す。

要件…要求をかなえるために、製造・実現する内容を明確にすること

「要件定義」とは、プロジェクトにおける依頼者と受諾者の間の結節点になる行為です。言い換えれば、ここが「何が欲しいか」と「どう作るか」の境界線です。この定義の精度が低いと、着手した後の手戻り、影響範囲が甚大なものになります。

仕様…製造するものに要求する形状、構造、寸法、精度、性能、製造・試験方法等の規定

「アイスクリーム味のチャーハン問題」で出たように、依頼する側は、無意識に、時として善意で、これをピンポイントで指定してしまうことがあります。その内容とそもそもの要望や要求に矛盾が含まれていた場合、「仕様が仕様として明確に記述できない」という極めて具体的な作業上の問題が発生します。依頼者の発した言葉が、要望なのか、仕様なのか。この区別が付かないことによって、依頼する側と受ける側に認識の齟齬が生まれます。

設計…仕上がりの形や構造を図面などによって具体的に表現すること

要件について具体的に言語化するのは苦手だが、設計には口を出したい、という人は多いものです。ものづくりの具体的な作業であり、達成感がある工程なので、心情的にはある程度理解できます。が、それをすることのリスクについては、十分吟味する必要があるでしょう。

プロジェクトの、本当の意味でクリティカルな工程はこの「設計」にあります。何を設計すべきかが正しければ、なんの憂いも迷いもなく、最高の仕事をすることができるというものです。ですが、いきなりそこに到達することはほぼ不可能です。

まずは設計してみて、作って、動かしてみて、そこからもう一度「なにが要件だったのか」を考え直す。その結果を受けてもう一度、繰り返す。そうした行為を通してようやく、本当にやりたかったことが見えてくる、プロジェクトにおいてはそんなことが多いように思います。

# 1-5 まとめ

もしあなたが新商品開発のプロジェクトマネージャだったら、そこで戦わなければならない最大の「未知」とは、「顧客の要求が明確に見えない」ということです。

もちろん、何の考えもなしに開発に取りかかる人はいません。しかし、新商品をヒットさせるために、あらゆる考えを巡らせて開発を進めたとしても、売り出されるまでは仮説でしかありません。そして売り出してみたら全くもって的外れだった、なんてことはよくある話です。顧客のニーズに始まり、技術、資金の規模、納期、プロジェクトメンバーのスキルセット、ありとあらゆる面において、プロジェクトでは「未知との戦い」を繰り広げることになります。

「群盲象を撫でる」という言葉があります。神ならぬ人の身にあって、一定以上の複雑さや規模をもつものごとについて、完全に全体を見渡すということは、基本的には不可能な

ものである、と考えるべきでしょう。
プロジェクトにおいて、あなたは部分的に既知であるものを見て、全体に影響を与える意思決定を行うことが必要です。中学や高校で習う一次関数や三角関数であれば、一つの変数が決まったら、厳密にもう一つの変数が確定します。そんな世界であれば、ただちに答えを出せますが、プロジェクトはそうではありません。無限にある多変数関数で、しかもその変数同士の相関関係、因果関係はよくわからないのです。「未知」を「既知」に変換していく、その過程で、前提条件は次々と変化していきます。当然、そのなかで当初考えていなかった遅延も発生します。しかし、「遅れ」が問題ではないのです。「いかに遅れているか」「どのように遅れているか」「それはクリティカルなのか」を考えることが大切です。

さて、ここまで、プロジェクトが困難なものであることについて述べてきました。またそれがどのようにして困難なのかということを考えてきました。

いま自分が直面している状況において、何が未知なのか。それに対処するために、いかなる方策があり得るのか。本当に実現したかったこととは、一体何だったのか。プロジェクトとは、それを問い続ける行為である、とも言えます。

第二章では、プロジェクトを取り扱うために必要なフレームワークやツール、考え方等について、その長所や活用方法を解説したいと思います。

# 第2章 プロジェクトの道具箱

「君が鑑定をまちがったのじゃない。この馬をよく見ると、前足のつけ根が縮んでいて膝が腫れている。いったい蹴る馬というのは、後ろ足を蹴りあげて前足でささえるものだが、腫れた膝ではささえることはできない。だから後ろ足を蹴り上げない。君は蹴り馬を見分けるのは巧みだが、腫れた膝を見抜くのがまずいのだ。」

金谷 治 訳注『韓非子』

## 2-1

# 道具は適したものを使おう

　前章では、プロジェクトとは未知との戦いの連続であるということについて述べました。またそれが人との共同作業である以上、コミュニケーション上の困難さがあり、その全体像をとらえることが極めて困難であることを指摘しました。

　プロジェクトとはあらゆる意味における未知＝想定外との戦いの連続であり、計画が計画をなさないものです。有能なプロジェクトマネージャは、適切にそれらに対処し、物事をリードしていきますが、そのノウハウがみな職人的な暗黙知なのかというと、そうではありません。本章では、一般的にプロジェクトにおいて有効とされているフレームワークやツール、考え方等について概観したいと思います。

「さあ、これからプロジェクトを仕切らなければならない」というとき。それが自身にとってはじめての経験であれば、最も困難なのは「どこからどう手を付けていいかわからない」

ということです。企画も固まっていなければ、予算も確定していない。要件も要求もバラバラで、もしかしたら追加のヒアリングが必要かもしれない。メンバーには一旦、声をかけてはいるものの、メイン業務ではないこのプロジェクトに対して、どれくらい工数を割いてくれるのか、はなはだ心もとない。

とりあえずキックオフミーティングでも開催してみるべきか、はたまた非公式な飲み会、決起会が先だろうか。定例会議は週に一回がいいだろうか、それとも隔週でも十分だろうか。プロジェクト管理は、詳細な工程表を作ったほうがよいのか、それとも企画書を仕上げるほうが先なのか。ミーティングの議事録は事細かに取っておいたほうがいいのか、それとも要点だけメモを残しておけばいいのだろうか。オンラインチャットツールを使ったら便利だろうか、チケット管理ツールも導入したほうがいいだろうか。

様々な疑問符が疑問符であるまま、なんとなく人を集めて、なんとなくミーティングを開始し、それらしく議題を回して様子を見る……このようにスタートを切ることは、よくあります。

ツールとは、生産性を高めるためのものですが、往々にして、ツールを導入することや、使うことが目的になってしまって、本来検討すべきことがおざなりになってしまうことも多いようです。しかし正しい道具を知っていて、使えるならば、それは大いに役に立ちます。

# 2-2

# PMBOK——プロジェクト推進の王道

広く適用できるプロジェクトマネジメントの情報や実践方法の文書化と標準化を目的として開発された、PMBOK。世界中で翻訳されており、日本においても「プロマネといえば、ピンボック」、といってもいいぐらいに普及しています。ただ、実際のところ、これは使えるものなのか——実務家が必ず抱く疑問であります。

PMBOKにおいて語られていることは、決してお飾り的な机上の空論ではなく、実務上必要な考え方、ノウハウです。PMBOKガイド第5版では、47個のプロセスを取り上げています。そしてそれを、5個の基本的なプロセス群と10個の知識エリアとに分類する、ということで体系化をしています。まず、プロジェクトを「立ち上げ」「計画」「実行」「監視・コントロール」「終結」の五つに分解して考える、ということは自己流ではたどり着けない思考フレームワークです。それもそのはず、この知識の体系化のために、何百、何千というプロジェクトの教訓が持ち寄られているのです。

| | 立ち上げ | 計画 | 実行 | 監視・コントロール | 終結 |
|---|---|---|---|---|---|
| 統合 | ・プロジェクト憲章作成 | ・プロジェクトマネジメント計画書作成 | ・プロジェクト作業の指揮マネジメント | ・プロジェクト作業の監視・コントロール<br>・統合変更管理 | ・プロジェクトやフェーズの終結 |
| スコープ | | ・スコープ・マネジメント計画<br>・要求事項収集<br>・スコープ定義<br>・WBS作成 | | ・スコープ妥当性確認<br>・スコープコントロール | |
| タイム | | ・スケジュールマネジメント計画<br>・アクティビティ定義<br>・アクティビティ順序設定<br>・アクティビティ資源見積り<br>・アクティビティ所要期間見積り<br>・スケジュール作成 | | ・スケジュールコントロール | |
| コスト | | ・コストマネジメント計画<br>・コスト見積り<br>・予算設定 | | ・コストコントロール | |
| 品質 | | ・品質マネジメント計画 | ・品質保証 | ・品質コントロール | |
| 人的資源 | | ・人的資源マネジメント計画 | ・チーム編成<br>・チーム育成<br>・チームマネジメント | | |
| コミュニケーション | | ・コミュニケーションマネジメント計画 | ・コミュニケーションマネジメント | ・コミュニケーションコントロール | |
| リスク | | ・リスクマネジメント計画<br>・リスク特定<br>・定性的リスク分析<br>・定量的リスク分析<br>・リスク対応計画 | | ・リスクコントロール | |
| 調達 | | ・調達マネジメント計画 | ・調達実行 | ・調達コントロール | ・調達終結 |
| ステークホルダー | ・ステークホルダー特定 | ・ステークホルダーマネジメント計画 | ・ステークホルダーエンゲージメントマネジメント | ・ステークホルダーエンゲージメントコントロール | |

出典:PMBOKガイドをもとに筆者作成

そのなかでも、絶対に押さえておきたいのが、「プロジェクトの立ち上げプロセス群」における、「プロジェクト憲章作成」です。そのプロジェクトにおいて、誰がどんな意思決定をし、誰がどんな作業をするのか。作業の範囲はどこまでか。成果物は何か。要望に変更があった場合に、どのような過程でそれは審議され、受諾されるのか、または棄却されるのか。その基準はなにか。

プロジェクトの困難さとは、これらの統制がきかないことであり、これを統制するために憲章を打ち立てるのは、至極まっとうなアプローチです。

ＰＭＢＯＫの利点は、プロジェクト推進における必要なプロセスの網羅性です。右の表に挙げられたことを、すべて着実に実行すれば、どんなプロジェクトでも、迷走するということはまずありません。逆に、自己流でプロジェクトを進める場合、ステークホルダーが誰かを考えることなしに、いきなりタスク表の作成に取り掛かってしまいがちです。結果、後で意思決定者の介入を受けてちゃぶ台がひっくり返り、せっかくの作業が無駄になる、といったようなことが発生するわけです。

このように、非常に強力なフレームワークであるＰＭＢＯＫですが——問題がないわけではありません。

先の表を一瞥しただけでも想像がつく通り、ＰＭＢＯＫに従ってプロジェクトを管理するということは、極めて莫大な人的リソースを消費します。そこにコストをかけるということが、関係者のなかで、しっかり腹落ちしていて、承認されていなければ、いくら一生懸命ドキュメントを作ったとしても、蟷螂の斧、砂上の楼閣、邯鄲の夢、というものです。もちろんＰＭＢＯＫの考え方からして、教科書通りに絶対にこれらを網羅せよとは言っておらず、「テーラリング」、すなわちプロジェクトにあわせた調整をすることを推奨していますが、適切なテーラリングができる専門家を調達し、依頼するコスト自体がそもそも莫大です。

基本的には、ＰＭＢＯＫに代表されるプロジェクト管理方法はプロジェクトに関係する人同士の認識合わせのためのものであり、トラブルを未然に防ぐため、または発生したときに説明責任を果たすためのものです。それが必要になるのはどういう状況でしょうか。

### ●関係する企業の組織階層が多い時

・プロジェクトメンバーの数が多い時
・予算規模が大きい時

これらは当然として、

・成果物の内容がある程度明確なこと
・それが高い複雑性を持っているのが事前に明らかなこと
・PMBOK的なマネジメント手法が適していることが関係者に合意されていること

という条件も必要です。

PMBOK的なマネジメント手法が適していることが関係者に合意されていることがPMBOKが有効に活用できるための必要条件だというのは、循環論法のようですが、実際のところ、そのような側面はあります。これはゲームのルールであって、ルールブックを共有していないプレイヤー同士では、単純に、話が成立しないのです。

エッセンスとしては、あらゆるプロジェクトに応用できる、一般性の高い知識体系なのですが、建設、製造、ソフトウェア開発といった分野に特化されているのは、そうした背景があります。実際のところ、この3業種において、一定以上の規模のプロジェクトを遂行しようとするならば、ＰＭＢＯＫ的なアプローチをせずに成功を収めるのは、ほとんど不可能なことです。だからこそ、そこにコストをかけるし、かけた分、大切にしていくわけです。

本書を手に取って下さっている皆様は、そこまでおおげさなプロジェクトマネジメントは必要ではないけれど、プロジェクトが進行途中に制御不能になるのに困っている、ということはないでしょうか。砂場で山を作るためにブルドーザーを運転する人はいませんし、庭の手入れをするのに工作バサミを使う人はいません。植木を切り揃えるために洗濯バサミを使うなど、もってのほかです。ものごとをハンドリングするためには、適切な道具を持つことが有効です。逆に言えば、プロジェクトの困難さとは、状況にあわせた道具の選び方の難しさであるとも言えます。

2-3

# 定例会議——プロジェクトにおけるPDCAサイクル

ルーティン・ワークの世界と違って、ありとあらゆる想定外事象に見舞われるプロジェクトの世界においては、計画と現実とは絶望的に合致しないものです。計画と現実のズレがどの程度のものなのか、どのようなものなのかを定点観測するために、週次、隔週など、一定期間で必ず関係者が集まり、状況の確認と対処方法の協議をするのが一般的です。この形式の問題は、あまりにこれが一般的であるがゆえに、「とりあえず開催するもの」「形式的には開催するが、実質上、必要な検討がされない」という場合があるということです。

プロジェクト定例会議の目的を考えると、アジェンダは基本的に次のような形式しかありえません。

- 現在守ろうとしている計画はどれかということの確認

- それに対する現状認識（＝ギャップや課題）が何であるかの共有
- 課題への対処方法のすり合わせ

これが本当に、難しいのです。事前にこのようなアジェンダを用意していても、実際に会議が始まると、全然違う話にフォーカスされてしまって全然時間が足りなかった、という経験は、多くの方がお持ちではないでしょうか。

様々な企業の方々とプロジェクトに取り組んできた筆者の実感では、プロジェクトミーティングをやる上で、適切なアジェンダを立てて話を進められる人は極めて少ないように感じます。たいていの場合、人は先のことを見ようとせずに、目の前のタスクのことに終始する「木を見て森を見ず」の行動、あるいは「あたりかまわずマウンティング」の行動をとってしまいがちです。これらの行動は、プロジェクトそのものの空中分解につながりかねません。

「木を見て森を見ず」や「あたりかまわずマウンティング」と書きましたが、これは多くの場合、良かれと思っての行動です。さらに言えば、自ら課題を発見し、率先してこれにあたるという、リーダーシップの発露と表裏一体の行動です。ただこれが、時と場合を間違えると、せっかくのリーダーシップが、全体からすると単なるはた迷惑になってしまう。それがプロジェクトマネジメントというものの繊細さだ、とも言えます。

実は、ここで肝心なのが、定例会と定例会の間の時間をどう過ごすかです。つまり、定例会のその場でなく、会議を開催する前に、課題を洗い出し、解決策を講じ、解決のシナリオを立てよう、ということです。そのことを、定例会の場でやろうとするのか、定例会の前に済ませてしまうのか。その違いが、プロジェクト全体が炎上するかしないかにまで影響を与えるのです。

未知との戦いである以上、プロジェクトでは必ず「何か」が起きてしまうものです。現在、発生している想定外事象への対処方法を論じている間に、さらに問題を困難にする次の「何か」が発生する。ひとつ解決してホッとしている間に、その次の最悪の事態が待ち構えている。こうしたことが当たり前に発生するプロジェクトというものにおいて、最大の敵とは、いま携わっている人々が、そこで拠って立っているプロジェクトの進め方に不安を感じる瞬間なのです。

この不安を鎮める最大の方法とは、「定例会が紛糾しないこと」です。

十分な準備がされていない定例会の問題とは、課題がなにかも整理されておらず、解決策も解決のシナリオも見えていない現実をプロジェクトメンバーに見せてしまうことです。そうなると、作るべきものや実施するべき作業の内実ではなく、プロジェクトの進め方が論議の対象となり、当事者が槍玉に挙げられ、どうしたらプロジェクトがスムーズに進むのかに論点がズレてしまう。最悪の事態とは、こうした場にあって、プロジェクトオーナーによる「演説」が始まってしまうことです。なぜここに集う面々が駄目なのか、過去に携わってきた案件はああだった、こうだったと、目の前の仕事と無関係な精神論が展開される。そうなったら最後、そのプロジェクトは舵取りをする方法を失ってしまい、それこそ、計画もなにもあったものではないということにつながります。

毎週毎週、起きたことを的確に総括して、次の局面に対する打ち手を考える。プロジェクトの成功とは、意外と単純かつ地道なところにその秘訣があります。

2-4

# フィット&ギャップ分析

特にシステム開発のプロジェクトには典型的なことですが、実は、プロジェクトを始めるにあたっての最大の問題は、「要件定義ができない」ということです。

世の中には、在庫管理システムに経理システム、アルバイト従業員のシフト管理システム等、様々な業務システムがあります。このような業務システムの構築や導入のプロジェクトを例に挙げるとしましょう。

業務システムの要件定義なので、当然、人はその業務がどのような流れで進められているかを考えるものです。単純に業務の流れを書き出して、そこで登録したり更新したりするデータの内容、発生するメールや帳票等をリストアップして……と、単純に作業を積み重ねたら、それなりなシステム要件ができあがるようなイメージがあるかもしれません。

それだけならば話は簡単なのですが（本当はそうでもないのですが）業務とは、一日単位のものもあれば、一週間に一回、四半期に一回、年に一回、といったロングスパンのものもあります。それだけではなく、他の業務システムとのデータ連携といった問題など、様々なニーズを受けてシステムは企画され、要件を詰めていきます。応答速度などのパフォーマンス要件、セキュリティ対応といった、非機能要件といったものも重要です。それらの多くは非常に抽象的なものなので、「いまここで何をどう決めたらいいのか」という判断が難しいことがほとんどです。

うちみたいな単純な会社の業務、システム化するなんて簡単じゃないの、というイメージで始まったプロジェクトが、1年たってもゴールが見えずに空中分解、といったことも、全然珍しくありません。

そこで登場するのが、パッケージ商品です。その業界に特化して、標準的な業務がそれなりに網羅されている、そんな夢のような製品がふと目の前に降りてくると、システム化推進担当者としては、藁にもすがる思いでそれに飛びつくことになります。フィット&ギャップ分析はしばしば、そうしたなかで実施されます。

しかし、「業界の標準的な要求をおおむねカバーしている」は、「面倒な基本的な要件の整理をしなくても済む」ではありますが、「そのままうちで使える」ではありません。標準と違う部分については、カスタマイズ開発をすることで、自社にフィットするように手直しをしていくわけです。注意しなければならないのが、「パッケージ製品を導入して、フィット&ギャップ分析を実施したら、ベンダーが、あとは勝手にカスタマイズしてくれて、うち仕様にしてくれる」という思考の罠です。

結局のところ、何が要望で、何が要求、何が要件かを明確にする作業を経ることなしには、カスタマイズ開発においても何をどこまでやるかは決まらないものなのです。

# 2-5

# ウォーターフォールか、アジャイルか、はたまたリーン・スタートアップか

これもまたシステム開発の現場でよく使われる用語ですが、プロジェクトを「ウォーターフォール型」で進めるのか、「アジャイル型」で進めるのか、というのもよく議論の対象となります。

ウォーターフォール型とは、プロジェクトにおける要求、要件という上流の部分を事前に確定させて、しかる後に、それを満たす仕様、設計に落とし込んでいく、そうすれば必ず、必要十分なものができる、という考え方です。一方の、アジャイル型とは、いきなり全体を考えるのは難しいので、ひとつひとつの機能に分解して、問題を解きやすいものにして、順次ひとつずつ仕上げていきましょう、ということです。これらはシステム開発用語ではありますが、出版プロジェクトであっても、販促企画であっても、はたまたマイホームや旅行であっても、これらの概念を参考に物事を考えるのは有効です。

ウォーターフォール型は、上流工程での作業が完璧であれば、これほど確実な話はないものですが、そんな簡単な話はない、というのは、プロジェクトのプロジェクトたる本質でもあります。新規事業開発でも、最初から顧客の要望が完全にキャッチできていて、マーケティングリサーチも完璧、製造ラインも在庫管理もバッチリ、というレベルで事業計画を書くことができたら、どんなにか素晴らしいでしょうか。実際にはそのようなことがほとんどない、ということは、本書を手に取ったみなさんはよくご存知のことと思います。

アジャイル型は、まずは分割してひとつずつやっていこう、という方法論ですが、当然これは全体統合の視点、計画性が持ちにくいという難点があります。一時期、リーン・スタートアップという言葉が流行しましたが、これもアジャイルと親戚のような言葉で、プロジェクトの立ち上げ段階から想定顧客にフィードバックを得て、フィット&ギャップ分析をすることで、早めに修正していきましょう、ということです。

ウォーターフォール型かアジャイル型かには、手法自体に優劣があるのではない、ということはとても大切な認識です。手段とはあくまで方便であって、そのときその状況に応じて、使い分ける機転が大切です。資本が自前である等の理由で、ステークホルダーに対する説明責任が強く問われない場、あるいは、既存の発想や方法論に縛られずに予想外の成果を生み出したい、といった場では、アジャイル型は大いに有効でしょう。一方でメンバーの実績が豊富で、比較的不確定要素が少なく、かつ明確な納期で一定以上のクオリティの成果物が求められる状況であれば、間違いなくウォーターフォール型で進行すべきです。

実際のところは、だいたいどのような仕事においても、全体としてはウォーターフォール型だが、部分的にはアジャイル方式、といった進め方ということが多いのではないでしょうか。現実的にはそうせざるを得ないというのが実情でしょう。もちろん、この二つの接合部分がおかしくなってしまうと、プロジェクト全体が進行しづらくなりますから、それぞれの長所と短所を理解した上で、使い分ける機転が必要になります。

## 2-6

# まとめ

本章では、ＰＭＢＯＫに始まり、定例会議、フィット&ギャップ分析、ウォーターフォール、アジャイルと、プロジェクトマネジメントにおいて頻出する考え方や方法論、概念について解説してきました。冒頭において、道具は適したものを使おう、ということも述べましたが、その心、すなわち本章におけるテーマは、「やりたいこと」と「手段」に、しばしば食い違いが発生してしまう、ということでした。

兵法書として名高い孫子から教訓を得るとするならば、火攻篇のこの一節です。

聡明な君主はよく思慮し、立派な将軍はよく修め整えて、有利でなければ行動を起こさず、利得がなければ軍を用いず、危険がせまらなければ戦わない。君主は怒りにまかせて軍を興すべきではなく、将軍も憤激にまかせて合戦を始めるべきではない。有利な情況であれば行動を起こし、有利な情況でなければやめるのである。怒りは解けてまた喜ぶようになれるし、憤激もほぐれてまた愉快になれるが、一旦戦争してもし失敗したとなると、亡んだ国はもう一度たてなおしはできず、死んだ者は再び生きかえることはできない。だから聡明な君主は戦争については慎重にし、立派な将軍はいましめる。これが国家を安泰にし軍隊を保全するための方法である。

孫子『火攻篇』（金谷治訳　岩波文庫）

孫子が説く軍事理論の教訓は、いたって明快です。それは、「合理的でない判断で、リソースを無駄にするな」です。感情は時が経てば回復しますが、失われた資金や時間、物資はかえってこない。現代のプロジェクトマネージャも、よくよく肝に銘じるべきでしょう。

よく「着眼大局、着手小局」と言います。物事は大きな視点からその全体観を掴んで、その後、個別の作業に取り掛からねばなりません。

大局観とは、将棋の棋士がしばしば発する言葉ですが、プロジェクトに取り組むにあたって、「大局観」という言葉は大きな支えになるものです。辞書では「物事の全体の動き・

形勢についての見方・判断」とあります。プロジェクトマネジメントにおける大局観とは、「部分から全体を類推し、方針を決定するための思考の働き」と考えるとわかりやすいと思います。

世の中には、一を聞いて十を知るプロジェクトマネージャもいれば、百を聞いて一を知るプロジェクトマネージャもいる。もちろん、どちらが優れているかといえば、前者です。優秀なプロジェクトマネージャは、プロジェクトを進めるための勘所と言うべきポイントをおさえていて、「ここをこうすれば、こうなる」という的確な「読み」を駆使して、物事を前進させていくものです。それを可能にする思考の働きは、大別すると三つあります。

すなわち、「状況の評価」「次のアクションの選択」「リソース配分」です。

まずは現状というものが「いい状態」あるいは「まずい状態」そのどちらかを適切につかむことが大切です。その上で、発生している状況に対して「ひとまず様子を見る」「断固たる決意のもと、解決に向けて対処する」「全力で回避する」「ハードネゴシエーションを繰り広げて、絶対にこちらの要求を通す」「ひとまず問題を棚上げにして、あとから対処する」といったような、次のアクションを選択する。さらにそれを実現するために、自分の時間を使うのか、誰かの時間を借りるのか、はたまた、お金で解決するのか、これを選択する。

どの選択をしたら、次にどうなるか。将棋で言う「三手の読み」のように、自分の手、相手の手、その次の自分の手、と、読むことは大切です。しかし、超多変数関数であるプロジェクトでは、あらゆることを読んでいけるものではありません。大局観を駆使することで、そもそも、「いまはしっかりと細部まで読んで、あらゆる場合を想定し、対策を練る」なのか、「特に深く読まずにスピード重視で動く」なのか、このようなメタレベルの判断も行います。

この次元における判断を間違えると、「下手の長考、休むに似たり」ということになります。いくら読んでも、どう対処しても変わらない現実に対して、リソースを消費することほど、無意味なことはありません。世の中一般を見渡すと（筆者自身の経験上でも）、意地やプライド、損切りできない弱い心といった要因から、ここの判断を間違えることが多いようです。

使うことになったフレームワークやツールが、どうもしっくりこない、うまくいかない。かえって不便で、これならいっそのこと、エクセルのほうがよっぽど使いやすい。もしそう感じることがあったとしたら、ひとまずその直感自体は大事にし、尊重すべきでしょう。「得るにあらざれば用いず」の言葉を思い出しましょう。

その違和感を大事にした上で、自分はそもそも何をしたかったのか、現状採用している手段の、何がそれを阻害しているのか、それを探ることを推奨します。

さて、第一章での「プロジェクトとはなにか」「プロジェクトの何が困難なのか」に続き、第二章では「プロジェクトを進めるための手法やツール、その長所と活用方法」について述べてきました。以降の章ではいよいよ、このプロジェクトを編集する方法について、筆者らの主張を展開したいと思います。それにあたっての基本理論として、第三章では「プロジェクト工学」の考え方について紹介します。

# 第3章
# プロジェクト工学

戦争においては、一切事が至って単純である、しかしこの最も単純なものが、実は多くの困難を孕んでいるのである。これらの困難が積み重なると摩擦が生じる、そしてこの摩擦は、戦争を親しく体験したことのない人には、それがどのようなものであるかをとうてい思いみることができないのである。

クラウゼヴィッツ『戦争論』

# 3-1

# プロジェクト工学概説

前章まで、プロジェクトにおける困難さとはなにか、またそれに対処するためにどのようなフレームワークがあるのかということについて解説してきました。本章ではいよいよ、筆者らが提唱するプロジェクト工学のコンセプトについて述べていきます。ただ漠然と未知への対処は難しいという認識にとどまるのではなく、その内実とは一体何か、ということについて考察し、それを「プロジェクト工学における三つの基本法則」として提示したいと思います。その帰結として、プロジェクトとは、そもそもうまくいかないようにできているというその本質を明らかにします。

結論としては、そもそもうまくいかないようにできているプロジェクトというものが、一体どのようにしたら前に進むようになるのか、という問いに対する回答として、「獲得目標」「勝利条件」を状況に応じて設定し更新することの重要性について述べます。

プロジェクト工学のコンセプトのどこに有用性があるのかといえば、その取り扱いやすさにあります。

前章で紹介したように、例えばＰＭＢＯＫ的な、専門的なプロジェクトマネジメント手法とは、プロジェクトという複雑なものを複雑なままに受け入れ、その上で網羅的に全体を制御しようとするものです。確実性や信頼性の高さが大きな利点ですが、デメリットとしては手法を学ぶコストも、運用するコストも高いということがあります。いわば、重厚長大型の方法論であり、結果、その手法を受け入れられる環境が限られている、ということは前章でも述べた通りです。

一方、プロジェクト工学の長所は、その応用が容易であるという点にあります。直感的な記述形式によって、プロジェクトを構造的に表現することがそれを可能にします。結果、この考え方について専門的に学んでいない関係者に対しても、無理なくコミュニケーションができるようになります。プロジェクトを構造で捉えるということは、知識や経験の再利用という点においてもメリットとなります。これにより、異なるプロジェクト同士の共通点を発見し、新たな汎用知識の獲得が可能になります。

さて、前置きは以上となり、ここからが本論です。あらためて、問題の出発点に戻ります。

「プロジェクト＝未知との戦い」における最大の難点とは何でしょうか。それは、「その仕事をやったことがない」ということです。すなわち、事前に的確な勝利条件を定めることができない、ということです。マイホームを建てたことがない人は、一体どのようなマイホームを建てれば、成功したと言えるのか、それすらもわからない状態から、手探りで出発します。

ある人は、家族が笑顔になれる家、というかもしれない。ある人は、売却時の資産価値に着目するかもしれない。またある人は、通勤通学におけるアクセスを考えるかもしれない。誰しもが、こうしたすべてのことを秤にかけて、ああでもないこうでもないと考えを巡らすものです。そのなかで、とりうる選択肢をリサーチして、最終的に、「えいやっ」と決める。プロジェクトにおける困難とは、まさしくこの「えいやっ」という意思決定の仕方にあります。そこには絶対的な基準、ロジカルな基準は存在しません。それによって人は、「これが本当に正解なのだろうか」という不安に、常にさらされるわけです。

この「えいやっ」という意思決定の作法、妥当性は、そのプロジェクトの「未知さ加減」と深く関連しています。特定のジャンルには特定の「型」があり、「作法」があり、見通しを立てる上でのガイドラインのようなものは、それなりにあるわけです。

ソフトウェア開発にはソフトウェア開発の、プロジェクトの型が存在します。書籍出版には書籍出版の、フレンチ・レストランにはフレンチ・レストランの型があることでしょう。さらには、フランチャイズ・チェーンの店舗開発、映画制作…ありとあらゆる業界には、そこに型があります。プロフェッショナルになるということは、そこにある型を学び、覚え、脱却していく、そんな過程でもあります。

筆者らはプロジェクト工学勉強会を開催してきましたが、ここで頻繁に相談を受ける2大テーマは、「新規事業、新製品開発」と「システムリプレイス」です。もしかしたら、これらについては、先に挙げたような型がなく、そのために困っている、ということが多いのかもしれません。

一方で、その型についても、十分使えるものだということは少ないようです。もっといいプロジェクトの進め方はないだろうか、このやり方がベストなのか、ということはあらゆる業種、職種の人々が感じている不安でもあります。筆者らが提案するプロジェクト工学のコンセプトとは、この多種多様な型についての知識の相互交流によって、新たな知識の創造ができるのではないか、という期待をもって生み出されたものです。ある出版プロジェクトの進め方で工夫したことや有効だったことが、他の飲食業界プロジェクトでも応用ができる、そんなことは、必ず存在するはずです。

近来進められてきた、アカデミアの世界における領域横断、共創基盤とはまさしくこのような問題意識によるものですし、実際に様々な成果が生み出されています。プロジェクトの世界においても、たこつぼ化しているこの状況に、共通言語を生み出すことで、よりよいプロジェクトを生み出す基礎となる、そんな思いを込めて、プロジェクト工学を提唱しています。

# 3-2 プロジェクト工学　三つの法則

## プロジェクト工学における第一法則
## 「やったことのない仕事の勝利条件は、事前に決められない」

マイホームを建てたことがある人は幸いです。なぜかと言えば、ある程度、自分が動かす予算規模も、スケジュール感も、とりうる選択肢の幅についても、経験があり、見通しが立てられるからです。立地を重視したけれど実際はあまり影響がなかったな、とか、内装には少しコストをかけすぎた、もう少し水回りに予算を寄せたらよかった、など、実際に建ててみたことによって、結局のところ、どこが一番大事なのか、という最も肝心な勝利条件についても深い洞察があります。

家を建てるという行為でも、一度経験することによって、それがルーティン・ワークの世界に一歩近づいた、ということです。そんな人は、「マイホーム・プロジェクトにおいて、どこが急所であり、その急所をどのようにクリアしたら、全体として成功だといえるのか」という「基準」を語ることができる人です。これは、実際にやったことがある人でなければ、絶対的に語ることが困難な話です。

筆者はつい最近、第二子を授かったという事情があり、半育休なる制度の活用にチャレンジをしました。月間80時間まで勤務し、その分の給与所得を得つつ、育児休業給付金も受け取ることができる。また、仕事を完全に引き継ぐ必要がないので、周囲への負担も軽減できるという、やってみるまでは夢のような制度だと思っていました。これが、やってみる前と後では大違いでした。仕事にかける時間は、半分以下に圧縮しましたが、仕事の量は変わらない。おまけに、帰宅後は食事に掃除洗濯、第一子の送り迎えと、ほぼほぼ専業主婦／夫一人前のタスクが山盛り。毎日が炎上プロジェクト、という感じで3カ月ほどを過ごしたのですが、これは当然事前の期待とは違うもので、ああまさしくプロジェクトとは、こういうものだなとしみじみと実感したものでした。

マイホームにしても、育休にしても、もちろん、先輩の経験談やその領域のプロフェッショナルの人等、知識や知見を持っている人に対して、事前に色々とヒアリングをして情報を集めるものです。しかしどれだけ事前に情報収集しても、どうしても越えられない、壁のようなものが、プロジェクトにはあります。それこそ、そのプロジェクトにおいて、どこが急所であり、その急所をどのようにクリアしたら、全体として成功だといえるのかという「基準」なのです。

プロジェクト工学では、新規事業を成立させる、マイホームを建てるといった最終的な目標のことを「獲得目標」と呼び、その成功判断の基準を「勝利条件」と呼んでいます。

第一章でお話しした「要望・要求・要件・仕様・設計」に照らして考えてみましょう。獲得目標は、まさに作ろうとしているものや成立させようとしている状況であり、明快ですが、勝利条件は、実は事前に明確に定義できないもの、あるいは状況に応じて変わっていくものです。

本来は、明示された「要求」が勝利条件であるはずです。社会活動において、それは絶対的な基準、ルールであるべきものです。そうしないと、社会契約というものが成立するはずがありません。しかし、現実的にはそうではないことが多いです。「要望」→「要求」の落とし込みに失敗していたことに気づくのが、「仕様」の作成後だった、なんてことはざらにあります。仕様をテーブルの上にあげて初めて、ステークホルダーとプロジェクトリーダーが同床異夢を見ていたことに気づく、ということも珍しくありません。

ほとんどの場合は、製品やサービス等の成果物が生まれて、実際にそれを活用しはじめた瞬間に、「こうではなかったはずだった」が発生します。それによって新たな要望、隠れていた真の要望が発見される、ということもあります。

「そんなことだったら、最初から言ってくれればよかったのに」――遺憾ながら、その言葉を発したときには、後の祭りなのです。

このメンバーで成功させたい。いつまでにやりたい、このコストを超えない範囲でやりたい。この程度の利益を生み出したい。これくらいのクオリティでやりたい。この技術を活用したい。このビジネスモデルを確立したい。競合や外敵を打倒したい。

プロジェクトは超多変数、非線形関数ですが、その「勝利」を判定するのはただひとり、プロジェクトオーナーです。彼または彼女があらゆる情報を統合した上で、それが全体として成功だったかどうかを判定します。プロジェクトにおいては、それを決める「勝利条件」こそが肝心であり、それが事前には決められないことが、最大の困難を生んでいます。

## プロジェクト工学における第二法則
# 「プロジェクトにおいては、こうあれかしと考えて立案した施策が、想定を超えた結果をもたらす」

それがスタートアップや、新規事業プロジェクトであったとするならば、プロジェクトのオーナー、またはマネージャが直面する課題とは、「資金上の困難」「人的リソースの不足」ということに相場が決まっているものですが、大事なのはこれらの課題の解決の方法です。「資金が不足している」→「銀行から借り入れだ」とか、「モチベーションが低下している」→「人事制度を整えよう」、といった具合に、起きている課題への対処を人は考えるものです。しかしそれがもたらす意図せざる結果については、事前に深く検討されないようです。銀行から借り入れを行おうとした結果、その実現に向けて必要な諸準備に時間が割かれてしまう、場合によっては時間を割いたにもかかわらず、資金調達が実現しない、なんて結果で終わってしまうこともあります。

「いまこれが課題である」
「ここをこうすれば、こうなるはず」

という思考で陥ってしまう罠とは、将棋用語で言うところの「勝手読み」という言葉を参考にするとわかりやすいです。

先を読むのが難しいのは何もプロジェクトに限った話ではありません。将棋というゲームもまた、先を読むのが大変なものです。ある一つの局面の指し手には多くの場合20通り以上の選択肢があります。そのうちひとつを選択すると、相手はまた同じぐらいの数の選択肢のなかから、ひとつを選択する。実は、たかだか3手ぐらいの進行でも、少なく見積もっても、場合の数としては、20の3乗＝8000通りもの変化の可能性があります。

初心者がそのあらゆる可能性のなかから最善手、すなわち「自分も相手も最善を尽くしたときのシナリオ」を選びとるのは、はっきりいって不可能というものです。そのため、初心者は、形勢の良し悪しや指し手の効果やねらいもわからず、とにかくむやみに一手一手指す以外にありません。ここで桂馬を跳ねたら、次に相手の飛車を仕留められるはずと思って指した渾身の一手、それがなんともはや、みすみす自分の飛車を差し出す一手だった……というような経験は、将棋を指したことがある人ならば、幾度となく経験したことがあるでしょう。

こうしたことを防ぐために、「定跡」「手筋」「格言」というものがあります。ディープな将棋ファンでなくとも、「歩のない将棋は負け将棋」や「桂の高跳び歩の餌食」などの格言を聞いたことがあるのではないでしょうか。茫洋とした無限の可能性の世界で、格言を頼りに次の指し手を考える行為は、プロジェクトのなかで過去の成功事例や失敗事例を頼りに意思決定を行うということと極めて類似した同じ思考方法です。その意味で、将棋の盤上における自らの振る舞いは、現実社会における自らの振る舞いの写し鏡とも言えます。

例えば、以下のような将棋格言を例に考えます。

金底の歩、岩より堅し

将棋には「金底の歩、岩より堅し」という格言があります。この格言が意味するものは、原則としては、二段目にある自身の「金」の下に「歩」を打つと非常に崩れにくい形になり、有利な局面に導ける、ということです。それは部分的には非の打ち所のない真理です。しかし、この底歩というものも有効でない場合があって、例えば相手が「香車」を手持ちにしている時は、みすみすこちらの「金」を相手に差し出すような、最悪の一手にもなります。

守りを固めようとして、逆に、相手に攻め駒を与えてしまう。

経営状態を好転させようとして、逆に不要な介入者を増やしてしまう。

頼りになる仲間を集めたつもりが、船頭多くして船山に登ってしまう。

将棋を指すということの効用は、こうした仮想シミュレーションが低コストで体験できる、といったところにあります。ここでゲームのプレイヤーが求められるのは、「原則思考」と「例外思考」をモードチェンジする力です。将棋においては、「三手一組」で8000通りの変化の可能性があるわけですが、プロジェクトにおいては、桁違いの可能性がありま す。プロジェクトの世界における勝利の方程式は、自然科学における方程式とは違って、常に作業仮説でしかありません。万有引力の法則のように、数学的に、完全に一義的に振る舞いを記述する法則ではなくて、必ずいつも例外という敵がいるのです。この例外というものを考えると、目の前の課題を解決するにあたって、どのような課題解決の手筋を念頭に置くべきか、ということ自体がそもそも難しいと言えます。いま自分の置かれた状況が原則通りなのか、あるいは例外なのか。自分の打った手が、自分の思った通りに有効な効果を生むと考えないほうが、理にかなっていることが多いかもしれません。

もちろん、一事が万事それでは話は進みません。プロジェクトのなかでも、きっちり既知の領域の仕事も存在しています。課題が未知を含むときは冷静に。それが既知の範疇なのであれば詰将棋のように、しっかりと読み切って華麗に解決する。

大事なのは、その課題が、自分にとって読み切れる局面なのかどうかを判断する力です。ちなみに、「想定を超えた結果」とは、常にネガティブなものとは限りません。これはダメだと思っていたことが、あに図らんや、めきめきと成果を生み出す、そんなことが多いのもまた、プロジェクトの世界です。

## プロジェクト工学における第三法則
# 「プロジェクトの過程における諸施策の結果もたらされる状況は、即座に次の局面における制約条件となり、ときにプロジェクトの勝利条件そのものの変更すらも要求する」

人生万事塞翁が馬、という言葉がありますが、まさにプロジェクトとはこの言葉が相応しいというものです。

こんなことで終わるぐらいだったら、あのときストップしてしまったあの仕事をしておくべきだった、あのとき延期したあのアポイントに何が何でも出席しておくべきだった……。いや、むしろ余計なことに手を出してしまったことで、納期までの大事な時間を無駄にしてしまい、後工程が極めて厳しくなってしまった……と後悔したところで、なにも始まらない。実施した活動の結果が、想定外の効果をもたらし、それは多くの場合、戦いを苦しくするものですが、ときにかえってそのおかげで、余計なことから気をそらしてくれて、何らかの突破口を作ってくれることもある。戦いが苦しい状況で、選択できるオプションがただひとつしかない。それは一見すると実に苦しい状況に見えますが、かえって力を一点に集中するための補助となり、結果、状況を打破する原動力になる、ということもあります。

プロジェクトの個別の局面とは、必ず、

① その時点で設定している獲得目標と勝利条件
② 制約条件
③ 現状ターゲットにしている課題
④ 課題に対する解決施策

の四つの要素で構成されています。

問題は、④の解決施策を実施し、それが招いた結果が、次なる局面の制約条件としてビルトインされてしまうということです。実に面倒な話ですが、炎上プロジェクトの鎮火が、なかなか難しいのは、こういった構造を考えると、少しわかりやすくなるのではないでしょうか。

納期通りに終わらない　↓　プログラマーやテスターを増員する　↓　情報伝達が難し

増員↓スケジュールは縮まるどころか、さらなる延長を余儀なくされる↓増員した以上はコスト負担を逃れることはかなわない↓怒号のもとで全員徹夜……といったようなイメージです。

しばしば、こうした状況に至った場合には「納期を延長する」が唯一の解だったりするものですが、そのレベルの勝利条件の変更は、高度な政治的判断が求められるのは、言うまでもありません。

## 3-3 まとめ

この三つの法則から導き出される帰結とは、極めて当たり前な話です。それは、プロジェクトの成功とは、あらゆるプロジェクト活動が終結したあとに、事後的にのみ確認されるということです。もっとシンプルに言えば「やってみないとわからない」ということです。身も蓋もない話ですが、本質として、プロジェクトとは、こういうものである、という認識を持つことは重要です。

もちろんそれでは話が進みません。

ここでポイントになるのは、プロジェクトにおける「想定外」とは、「あってしかるべきもの」と「あってはならないもの」、この二つの軸で捉えることです。

「あってしかるべきものが、足りない」これは日常茶飯事ですが、むしろ「過剰にあること」も警戒すべきです。「あってはならないもの」は、当然、ないに越したことはないで

| 「あってはならないもの」が ＼ 「あってしかるべきもの」が | ある | ない | 過剰にある |
|---|---|---|---|
| ない | 事前のシナリオ通り進行する | 準備不足に悩まされる | 予想外の「あってはならないもの」を発生させる |
| ある | 随時対処は必要だが「順調に遅れている」状態での進行 | プロジェクトの停滞に悩まされる | 計画が計画の意味をなさない「一歩進めば二歩下がる」状態 |
| 過剰にある | 士気の低下、リソース枯渇に悩まされ、プロジェクトマネージャの手腕が不足した場合には空中分解の危機も | 計画が計画の意味をなさない「一歩進めば二歩下がる」状態 | プロジェクトがプロジェクトとして、統制がきかない危機的状況 |

すが、それが発生しないプロジェクトなんて聞いたことがありません。プロジェクトがうまくいかないとき、うまくいかないことを、自分の能力や努力が不足している、という認識につなげてしまっていないでしょうか。実は、それこそが最大の間違いなのです。もしそうだとしたら、発想を逆転する必要があります。

プロジェクトは、そもそも「思った通りにいかないようにできている」からです。

だからこそ、プロジェクトを前進させるためには「勝利条件の設定と更新」の方法こそが最大の奥義となります。参加メンバーが諦めるまでは、スポンサーが資金提供を打ち切るまでは、プロジェクトは失敗ではないのです。当初考えていた目的地にたどり着かないことが問題なのではありません。出発したことによって、その目的地が果たして適切だったのかを知る、そのほうが大事です。それを考えるにあたっては、何が得られ、何が得られなかったのか、当初の目的をひとつ上の次元に読み換えることが有効です。

「初年度黒字を目指した新規事業が、赤字の結果となったら、それは失敗なのか」という話を考えてみましょう。もちろん、外形的には失敗以外の何物でもありませんが、出資者が本当に望んでいたのは、黒字だったのでしょうか? 社会的名誉だったのかもしれない、メンバーを発奮させるための方便だったかもしれない、もしかしたら、特に深い理由はなかったかもしれない。

プロジェクトが、その初期条件によって縛られるのは、これほど無益なことはありません。やってみないとわからない世界だからこそ、やった上での結果から、次の目的地を更新することが可能であるし、そうすべきなのです。

計画が、計画通りに進まなかったとき、その度合によって、被害の大きさは随分違うものです。最悪なのは、実際に作戦行動に入ったにもかかわらず、何の収穫も得られずに終わった時です。失うのはお金だけではなく、時間だって無駄になりますし、自信も喪失します。「せめて教訓ぐらいは得られればよいのに」と思いますが、しかし「どうしてこうなった」としかいいようのないことも、珍しくないものです。

プロジェクトの本質は、それが一回限りだということです。マイホームを何度も建てる人は、多くはいません。会社の新規事業で、一回失敗したものをもう一度やらせてくれることは、あまりありません。

だからこそ、勝利条件の設定の仕方こそが、プロジェクトにおける生命線となります。新規事業開発であれば、当初の勝利条件はきっと「初年度売上5億円、利益1億円」のように語られることでしょう。しかしそれは、最初に設定した通りに進むということはまずありません。肝心なことは、それを墨守しないことです。やってみて、事前のシミュレーションと違う事象が発生する。そこで、本来実現したかったことの内実とはなにかに立ち返ることで、勝利条件を更新する。

以上のことが納得いただけたのであれば、次なる問いはただひとつです。それは、「何をどのように考えれば、プロジェクトの局面を好転させる知恵が生み出せるのか？」です。次章ではいよいよ、筆者らが提唱する「プロジェクト譜」というツールを用いた、プロジェクトの戦術立案・遂行方法について解説していきます

# 第4章
# プロジェクト譜
# 〜プ譜を使ってみる〜

"Ever tried. Ever failed. No matter. Try again. Fail again. Fail better."
挑戦した。失敗した。何の問題もない。再び挑戦せよ。再び失敗せよ。よりよく失敗せよ

サミュエル・ベケット

## 4-1

# プ譜を使ってプロジェクトを可視化する

前章まで、プロジェクトの失敗要因として、「未知変数」や「想定外」への対応が重要であるということを述べてきました。ここからはそうした状況・事態に対応するための手法について、筆者らが考案した「プロジェクト譜（以下、プ譜）」について紹介します。

プ譜とは、プロジェクトのための「エディティング（編集的）ツール」であり、その目的は大きく二つあります。一つは、プロジェクトにおける状況の変化や関係性を可視化することで、プロジェクトの「問題」を理解、解決しやすくすること。もう一つは、プロジェクトマネージャとしての力量を上げるための仮想演習を行うことです。これらによって、プロジェクトの失敗を回避し、進めやすくすることが最終的な目的です。

プロジェクトマネージャとしての力量を上げるためには、リーダーシップやコミュニケーション力といった「個人スキル」、所属する業界知識、ＰＭＢＯＯＫなどのプロジェクトマネジメントに関する体系的な知識、その他各種ツール類といった「知識」の蓄積が欠かせませんが、何より力量を上げてくれるのは「実践経験」に他なりません。しかし、実社会においてプロジェクトマネジメントの実践経験を積む機会はそう多くないでしょう。

こうした現状に対して、提唱するのが「仮想演習（ケーススタディ）」です。自分自身でプロジェクトマネジメントの実践経験を数多く積むことが難しければ、仮のプロジェクトを想定してシミュレーションを行うか、過去や他者の経験・事例から学ぶしかありません。実際のところ、プロジェクトの仮想演習を行うためのツールはこれまで皆無でした。

そこで筆者は、日露戦争で海軍参謀を務めた秋山真之が、１８９７年、米国留学時に経験し、日本に持ち込んだ「兵棋演習」と、将棋の「棋譜」と「感想戦」にヒントを得て、これらをプロジェクトの仮想演習ツールとすることを考えつきました。

秋山真之が持ち込んだ「兵棋演習」とは、ミリタリーシミュレーション、ウォーゲームとも呼ばれるもので、艦船を模型で作り、海図の上に配置することで、どの戦艦が何ノットで航行しており、どの海域で艦船が行われるかといった、彼我の状況や戦略の状況が簡単に把握できるようにする方法論です。この兵棋演習の優れた点は「逐次変化する状況」を可視化して判断し、打ち手を選択し、決定を下すというところにあります。

こうした机上の演習を真剣に運用し、繰り返すことで、作戦計画の立案や分析はもちろん、実際の艦戦に備えるための自信、冷静さ、判断能力などを養うことができます。この兵棋演習はこれから起こるであろう艦船のシミュレーションだけでなく、歴史上の大会戦を再現するのにも使われており、この意味で、自分自身の将来に向けての仮想演習と、過去や他者の経験・事例から学ぶツールでもあったのです。

次に「棋譜」と「感想戦」についてです。棋譜は将棋の対局記録で、初手（一手目）から終局までを順に記録していったものです。古くは江戸時代から残る棋譜があり、棋士はこれら過去の棋譜を見て、新たな戦術を着想したり、対局する棋士の棋譜を見て対策を立てたり、自分自身の棋譜を見て課題となる局面について考えたりといったことを行っています。そして「感想戦」とは、対局終了後に棋士が行う「振り返り」のことです。開始から終局まで、または勝負所となった局面を再現し、自身が指した手についての良し悪し、実戦では指されなかった指し手についてのシミュレーションや、その局面における最善手などについての検討を行います。

兵棋演習、棋譜に共通するのは、「逐次変化する状況」が「可視化」されているということです。プロジェクトマネジメントにはＷＢＳやガントチャートといったタスクやスケジュール管理のためのツールがありますが、これまでのツールに欠けているのは、「自分自身と状況・環境の変化」を記述し、把握し、メンバーと共有するための手法です。

また、タスクの進捗内容やスケジュール管理ツールを使うことに心や時間を奪われることの弊害もあります。例えば、最終ゴールからではなく目先のことから。やるべきことからではなくできることから。できる理由からではなくできない理由から考えてしまい、眼前の、局所的な視点にとらわれてしまいます。

宮本武蔵の『兵法三十五箇条』には、真剣勝負に臨むときの心構えが書かれており、相手を対象化して正確に捉える「見の目」と、場所の中に置いて調節的に捉える「観の目」の２種類の目をもって敵を見ることとの必要性を説いています。

プロジェクトにおいて必要なのはまさにこうした「観の目」です。プ譜はこうした逐次変化する状況の可視化を行い、観の目を持つことができるようにするためのツールなのです。

## 4-2

# プ譜の概要

ここからはプ譜の概要とメリットについて解説します。解説を行う上で、ここではプ譜を、「時系列的な遷移も含め、逐次変化するプロジェクトの状況・全体像を可視化するための記述方法」と定義します。

記述要素は、各局面における「勝利条件」「廟算八要素」「中間目的」「施策」「事象」から成ります。（解説図を参照下さい）

以下、順に説明していきましょう。

まず「勝利条件」とはプロジェクトを成功させるための条件であり、単に「（プロジェクトの）ゴール」と捉えても構いません。

この勝利条件を満たすため、自身に与えられたリソースが「廟算八要素」です。要素には、「メンバー／人材」「予算規模」「納期／リードタイム」「クオリティ／機能」「ビジネスモデル」「環境」「競合」「外敵（社内外）」があります。廟算《びょうさん》とは、古代中国で戦争を始める前の作戦会議のことです。廟とは祖先を祭る霊廟のことで、戦争の作戦会議は廟の前で行われていたことから、プロジェクトを行うための諸要素・条件を表す概念として使っています。

プロジェクトは、この廟算八要素から出発してゴールに向かっていくわけですが、いきなりゴールにたどり着くことはできません。

「中間目的」はゴールを達成するために細分化された目的です。プロジェクトマネジメントの経験が長い方には、ＣＳＦ（主要成功要因）と読み換えて頂いても結構です。

そしてこの中間目的を達成するために、個々の「施策」があります。

プ譜を使用してプロジェクトを進めていく上では、最初に「勝利条件」「廟算八要素」「中間目的」「施策」の四つを記述し、これをスタート（つまり、第一局面）とします。

プ譜は一枚では終わりません。一局面一シートとすることから、プロジェクトがスタートした後、実際に施策を実行に移した後の結果についても記述しなければなりません。それが「事象」です。施策を行った結果、どのような反応が見込客からあったか。新しい技術を使ってみた結果、どのようなフィードバックが返ってきたか。

記述要素は、各局面における廟算八要素、施策、中間目的、ゴールから成る。1局面1シートとし、各局面をスナップショットとして記述し、局面同士の関係性（ゴール、中間目的、施策同士の関係性）をゲーム木の要領でつないでいく。

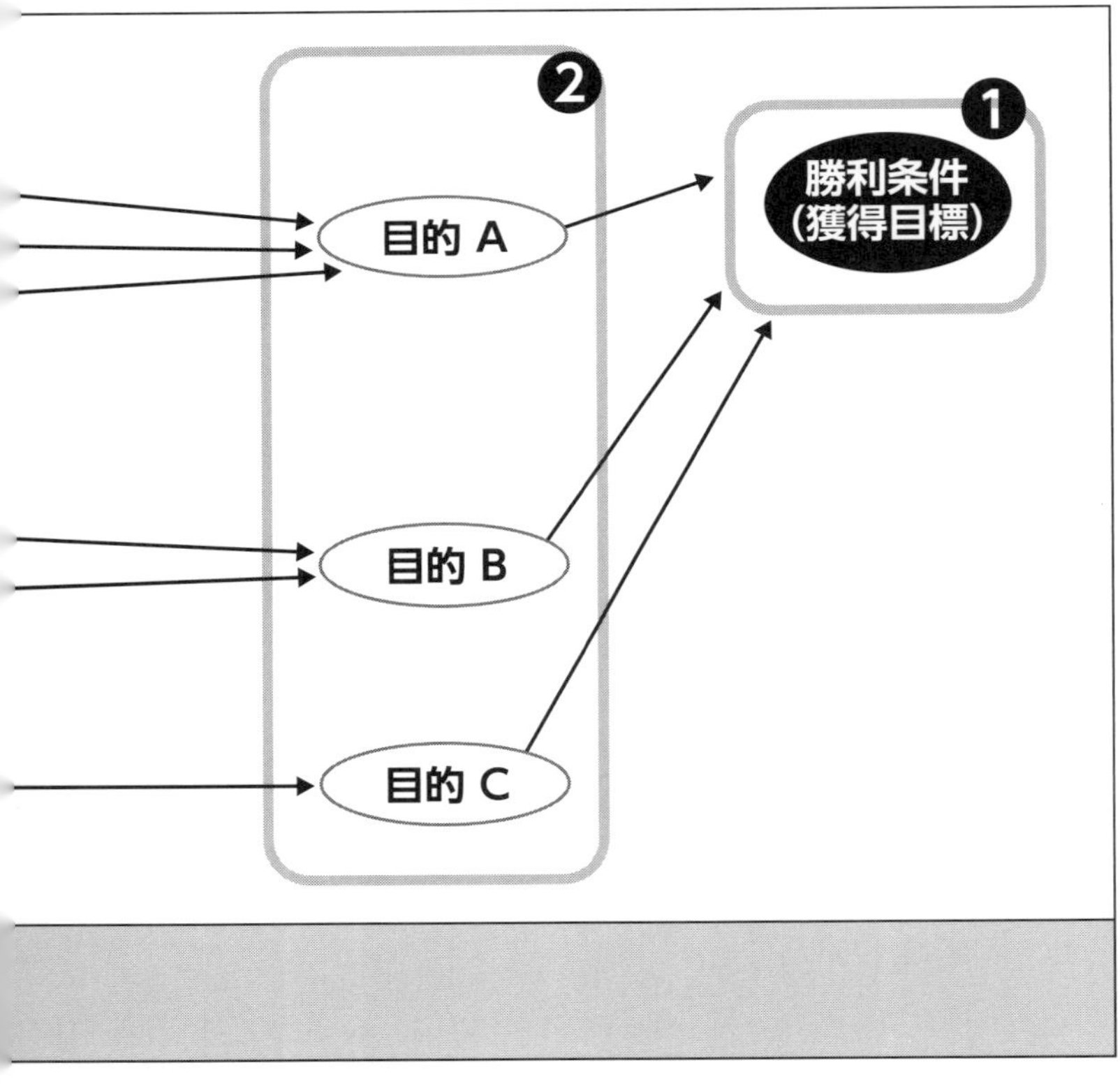


❶**勝利条件（獲得目標）**
・プロジェクトのゴール

❷**中間目的**
・ゴールを達成するための目標
・CSF（主要成功要因）と読み換えても可

❸**施策**
・中間目的を達成するための個々の施策
・1つの中間目的に対して複数の施策があることが望ましい

## プロジェクト譜 解説図

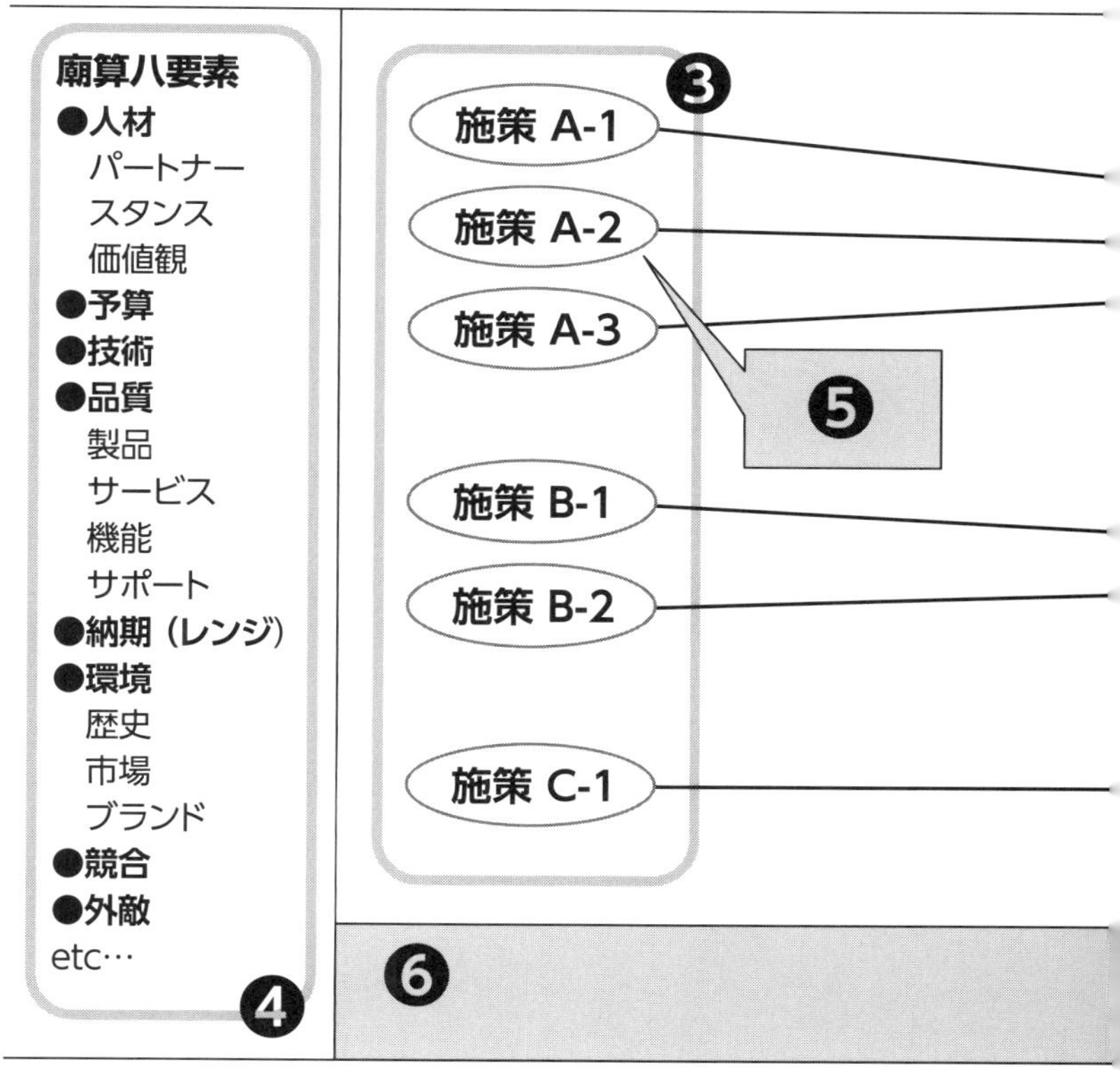


**❹廟算八要素**
・プロジェクトの未知変数
・所与の条件、リソースと読み換えても可

**❺事象**
・施策を実施した後に得られた各種情報

**❻その他**
・その他特記、補足事項を記入

プロジェクト工学の第二法則「プロジェクトにおいては、こうあれかしと考えて立案した施策が、想定を超えた結果をもたらす」ことがある以上、こうした情報を記録しておく必要があり、それをどのように受け止め、吟味・評価し、どのような対策を講じるのか、そのまま進めるのか、はたまたその施策は中止するのかといったことを考えなければなりません。

この事象の記述が第二局面であり、その事象に応じた中間目的や施策の変更の決定が第三局面となります。

## 可視化

新規事業の企画書を作成する、プレゼンの構成を考える、予算案をつくるといった知的作業を行う際、私たちはいきなりパソコンに向かってパワーポイントやエクセルなどのソフトを使い始めることはしないでしょう。

こうした、明確に定義されていなかったり、あいまいな要素があったりする作業においては、まずはハッキリとしている部分的な情報を書き出してみたり、図にしてみたりと、頭の中の情報を「外在化」し、その外在化した表現を見ながら作業を進めているはずです。

可視化とはこの外在化の表現の一種です。この外在化された表現とインタラクションすることで、私たちは前述の知的作業を進めています。そしてこの外在化された表現として、音楽家には楽譜が、棋士には棋譜が、プログラマーにはオブジェクト図があるように、職業やその内容に適した表現が編み出されてきました。

ここまでお読み頂ければお気づきの通り、プ譜はプロジェクトマネージャの頭の中にあるプロジェクトの目標、所与の条件・制約・武器、想定外の出来事といった、多くの複雑な情報を外在化した表現なのです。

こうしたプロジェクトの情報を外在化することのメリットは大きく分けて次の三つがあります。

1. 認知リソースを低減させることができる。
2. プロジェクトの状況や環境の変化がわかり、勝利条件や施策のツジツマが合っているかがわかる。
3. プロジェクトメンバーとプロジェクトのイメージや筋書きを共有することができる。

以下、詳しく説明します。

## 1．認知リソースを低減させることができる。

認知リソース（認知資源）とは、私たちの脳が記憶したり思考したりするために使用するリソース、と捉えて下さい。私たちの脳は非常に高度な働きをしますが、そのリソースは無限ではありません。

多くの複雑で、未知変数の多いプロジェクトでは、現にスケジュール管理やタスク管理のためのツールがあり、脳に記憶しなくてもいいようにしています。しかし、この章の冒頭でも述べましたが、プロジェクトはこうしたスケジュールやタスク管理の他に、変化する状況への対応や、これから起こり得る出来事についても考えなければならないものの、これまではそれに適した外在化表現がなく、頭の中でこれらの情報を処理しなければなりませんでした。これでは情報の整理もままなりません。

こうした情報を、外在化できるものは外在化することで、プロジェクトにおいて最も必要な想定外の出来事への対応や、パラレルに進行する施策のツジツマを合わせるといった高度な思考・推論を要する活動に、認知リソースを使うことができるようになります。

## ２．プロジェクトの状況や環境の変化を把握し、勝利条件や施策のツジツマが合っているかがわかる。

私たちがプロジェクトに臨む際、例えば新規事業を企画して推進していくような場合、「リニア（単線）で最短なプロセス」を採ろうとしがちです。また、自分たちのプロジェクトが向かう環境は「静的」で、自分自身もプロジェクト開始当初のような人材や知識が不足している状態のまま変化していないものと捉えがちです（人材や予算不足はあとで補強できますが、知識やチームのカルチャー、スタンスといった無形なものへの変化を見落としがちです）。

しかし、プロジェクトが未知なものである以上、計画通りにいかないのがプロジェクトといっても過言ではなく、第一章で引用したクラウゼヴィッツの駅馬の格言にもあるように、プロジェクトがリニアで最短なプロセスを踏むことはまずありません。このノンリニアな状況に対応すること。つまり変化する状況に対応するためには、その変化を確実に記述しておく必要があります。新規事業企画書は企画書の名の通り、最初に書いておしまいで、その後にアップデートされることはありません。ＷＢＳもガントチャートも状況や環境の変化には対応していません。また、こうした変化に対応しようとする際、私たちはたいてい重要度よりも緊急度を優先してしまいがちです。そんな時であっても、常に勝利条件を明記しておくことで、緊急度が重要度をかすませてしまわないようにすることができます。

プ譜の外在化表現は一局面一シートとして、スナップショットのように記述することで、こうした変化を記録します。そして、それへの対応を検討し、その結果をまた追っていくことができるようになっていることで、プロジェクトの勝利条件や施策が、変化した状況とツジツマが合っているかが把握できるのです。

### 3.プロジェクトメンバーと、プロジェクトのイメージや筋書きを共有できる。

プロジェクトを進めるにあたって、プロジェクトマネージャはプロジェクトメンバーに対して、ゴールとなる目標数値や必要なタスクリストを見せていることでしょう。しかし、ここまで述べてきたように、これまでのプロジェクト管理ツールでは実行しなければならないタスクや、守らなければいけないスケジュールはわかっても、ゴールに至るまでの道筋やイメージを持つことが困難です。

ここでいうイメージとは、眼や耳のような感覚器官からの直接的な情報によるものではなく、自分の経験・知識・目標などによってつくりだされるものを指します。

かつてアメリカのランド研究所の物理学者、ハーマン・カーンが、米軍から「ソ連が水素爆弾を使ってニューヨークシティを攻撃したらどうなるか。どうすれば市民をわずかな時間で安全に避難させられるか」という疑問について検討を依頼された際、カーンはアメリカ空軍の情報、軍事技術のトレンドや様々なデータを使い、「起こりうる未来展開を予想するストーリー」を描きました。

このシナリオの目的は、戦略策定を担う人々に、単なるデータに止まらず、状況説明のための詳細情報・イメージ・筋書きを提供することにありました。この手法は後に「シナリオ・プランニング」に発展しますが、ストーリー化することで人と物、人と環境といった数量化できない要素の問題点などが発見され、作戦立案や関係者間のイメージ共有に有効だったと言われています。

シナリオ・プランニングでは、描いたシナリオを対話や映像化することで関係者に共有していますが、プ譜はプロジェクトの筋道を、廟算八要素、勝利条件、中間目的、施策、事象といった項目を立て、その関係性や状況の変化を可視化することで、プロジェクトメンバーに共有するのです。さらに補足をすると、プ譜をプロジェクトメンバーと共有することで、メンバーは自分のタスクや活動がプロジェクトの中でどのような意義・影響をもっているかがわかるようになります。

プロジェクトにおける自分の役割の重要性を認識することは、仕事を他人任せにせず、自らの責任を果たすことができるようになる上で重要であることは言うまでもないでしょう。このことは第一章でも言及した、リンゴが欲しいと言われれば、なぜ必要なのか、何に使うのか、といったことをいちいち聞かなくとも、その状況や文脈を共有できるようにすることにつながります。

## 問題解決のプロセス

プ譜が、所与の条件に基づき、各種の施策を立案・実行してプロジェクトのゴールに向かっていく過程を記述するものであることは既に述べました。実は、この過程はプロジェクトマネージャの方であれば馴染みの深い、「問題解決のプロセス」そのものです。

この問題解決の手法をプロジェクトに転用することは、プロジェクトを新たな視点でとらえ、既存の見方では得られない、プロジェクトを前に進めるアイデアやイメージを持つことができると思いますので、ここで詳しく説明します。

ビジネスにおける問題解決のフレームワークとしては、ロジックツリー、ＳＷＯＴ分析などがありますが、ここではもっと根本的な、問題解決をする上で最低限考えなくてはならない三つの要素を挙げます。

1. 目標
2. 状態
3. 手段

「目標（望む状態）」があり、それを目指す現在の「状態」があり、その状態から発して目標を達するための「手段」があります。これをプ譜に置き換えると、目標が「勝利条件」。手段が「施策」や「中間目的」で、状態が「廟算八要素」に基づいて、プロジェクトを進めるために打った諸施策やその結果としての「事象」となります。

問題解決とは、ある目標を達成する思考活動であり、問題とは「現在の状態と望んでいる状態が一致しない場合」を指します。プ譜でいえばスタート時からプロジェクトの序盤の状態を記述したものが「初期状態」で、プロジェクトがその勝利条件を果たした状態が「目標状態」に該当します。通常、じっとしていては目標状態に辿りつくことはないため、何らかの施策を実行して、現在の状態を変化させなければなりません。

では、所与のリソースに合わせて、どのような施策を実行するべきなのか。どのようにして未知の要素の多いプロジェクトという問題を解決すればよいのか。この問題解決のためには、まず「問題の理解」、言い換えれば何がなんだかよくわからない問題を、「理解可能な形に表現すること」が必要になってきます。

問題を別の仕方で表現することは、そのあとの解き方に決定的な影響を与えるため、現在の状態への深い理解や、遭遇した事象を有利に活用できるかどうかで、その後のプロジェクトが大きく影響を受けることになります。つまり、プ譜をどのように記述するかがプロジェクトにとっては非常に大事であるということです。（※この問題の表現方法については第五章で述べます）

状態を変化させていく＝問題の解を求めていくプロセスには、「探索」と「プラン」があります。

「探索」とは、解を求めていくプロセスにおいて、最も基本的な機能です。会社としてもプロジェクトマネージャとしても経験や知識がない事業に取り組むような場合、それは真っ暗闇の迷路を進んでいくようなものです。このような真っ暗闇に放り込まれたら、ゴールに向かうためにできることは、壁伝いに歩くとか、壁を手でさわって形や材質上の特徴はないか探すとか、人差し指をなめて風の抜ける方向を探すといったような、その場その場で思いつく、「発見的探索」をしていくしかありません。

新規事業のようなプロジェクトでは、できる限り知識や情報、リソースを万全に整えようとしますが、未知変数の多いプロジェクトの場合、それらがすべて事前に準備できるということはほぼありません。どうしてもこのような発見的探索によるほかない場合も多いでしょうが、それは決して「場当たり的」という批判を受けるようなものではないと筆者は考えます。

しかし、この探索を行ったとしても、プロジェクトのまわりの状況は刻々と変化しているため、探索に時間をかけた結果、せっかく発見した解決方法や知識が役に立たなくなってしまうことがあります。そこで、探索は探索で必要だけれども、時間をかけた探索ができない場合の機能として、「プラン」があります。

「プラン」を立てる能力は誰しも備わっています。身近なものでいえば、休日をどう過ごそうかというプランもあれば、どのようなルートで登山をするかというプランもあります。これらのプランを立てる過程には多くのものごとが関与しています。

休日の過ごし方であれば、必要な買い出しをして、スポーツジムで汗を流し、来週のプレゼンに備えて髪も切っておきたいし、美容院の隣に新しくできたカフェでお茶もしたいな……といったことのプランを考える際、髪を切るのはジムの後がいいなとか、でも美容院が午前中の方が空いているしな、といったことを考えながらプランを立てているはずです。

この力は当然プロジェクトにも活きてくるわけですが、このプランをガチガチに固めてしまうのはお勧めできません。カフェが満員で何十分も待たなければいけないかも知れないし、スポーツジムのお気に入りのインストラクターが風邪で休んでいるかも知れない。そうした不測の事態・状況の変化に即座に対応できるよう、「この休日は17時まで家に帰ればいい」というような大局的なプランと、不測の事態が起きた際、「カフェは後回しにして、待ち時間の間に買物を済ませてしまおう」といった局所的なプランの二重構造で立てておいたほうがよいのです。

プ譜を書く際にも中間目標や施策は書きますが、必ずしもそれに捉われる必要はない、ということを意識しておいて下さい。

このように、私たちが日常的に行っている問題解決の方法は、プロジェクトに通じるものが多いです。今、直面しているプロジェクトがうまく進んでいなかったとしても、これを一つの問題としてとらえ、その問題解決のためにどのような手段を講じ、状況を変えればよいかと考えてみることで、気持ちや使用する認知リソースが変わり、これまで出てこなかった問題解決案が出てくるはずです。

## プ譜の編集性

プ譜の特徴かつメリットである「可視化」「問題解決」に続くのが「編集性」です。プロジェクトは未知なるものであるがゆえに、当初定めた計画通りには進まず、ノンリニアな舵取りを迫られ、刻々と変化する状況や想定外の出来事に対応していかなければなりません。

しかしこれらのことをネガティブな感情で、それが「予想もし得なかった」と慌てふためいて、受動的に受け止めるのではなく、想定外が当たり前であり、そこで遭遇した事象や情報の受け止め方と対応の仕方次第で、プロジェクトが前に進むチャンスが生まれるという態度・考え方に変えることで、プロジェクトは能動的で、創造的な行為に劇的に変わります。プロジェクトマネージャとして自分自身をそうした状態にさせるツールがプ譜であり、プ譜が含有する「編集性」です。

編集というと、書籍や雑誌の「編集」というものをイメージされる方も多いと思いますが、プ譜における編集にはより広範な意味があります。編集工学の創始者である松岡正剛の言葉を借りれば、編集には次のような意味と力があります。

「編集は時間とともに変化する環境条件や意識の深化によって進行し、しだいにそこにかかわるすべての関係を変容させていくところに醍醐味がある。エディティングの進行は、ひとえに関係発見的なのである。」（『知の編集工学』より）

この「時間とともに変化する環境条件」「関係を変容」「関係発見」といった言葉は、この節の冒頭に述べたプロジェクトを創造的な行為に変えるキーワードとなるものです。

本書の第一章から述べてきた通り、プロジェクトにおいては、こうあれかしと考えて立案した施策が、想定を超えた結果をもたらすことがあります。これを問題解決の言葉で表すと、

「外界に働きかけることが、外界の変化をもたらし、予想もしていなかった方向に状況を変えてしまう」ということです。

この「予想もできなかった展開」への対応は、事前に準備していた知識ですべて対応できるわけがありません。打った施策の結果としての事象に対して、また、その時のプロジェクトの状況に応じて、所有する知識やリソースを「編集」しなおし、その場その場で施策を打ち直したり、中間目標の内容を変更する必要があります。

プロジェクトは時間とともにその状況が変化していきますが、実は私たち自身もまた変化をしていきます。プロジェクトの進行に伴って獲得してきた知識や経験は、廟算八要素の一つである「人材」の成長を促しているかもしれません。また、新しいツールを導入したことによる作業効率化が行われ、打てる施策の数が増えたり、質が向上しているかもしれません。もちろん、良い変化ばかりではありませんが、こうした変化する自身を明確に意識し、プ譜の廟算八要素の記述をアップデートすることで、プロジェクトの状況と自分自身の関係を変容させていくことができるようになります。

プロジェクトを進める中で打った施策の結果として、見込客からの反応、広告の効果、機能のパフォーマンスといったものをプ譜では「事象」として取り扱いますが、その事象の内容が程度にかかわらず想定外なものであった場合、私たちには「確証バイアス」が働いてしまいます。

確証バイアスとは、仮説や信念を検証する際にそれを支持する情報ばかり集め、反証する情報を無視、または集めようとしない傾向のことです。これがために、私たちは実はプロジェクトにとって重要になり得たかも知れない事象を、些細な、取るに足らないものとしてみすみす見捨てている可能性があります。プロジェクトが未知を既知に変えていく行為で、事前の知識や計画の多くが役立たなくなり、プロジェクトの状況も刻々と変化するものである以上、私たちはプロジェクトを進める中で遭遇する様々な事象を素材・機会として扱うべきでしょう。そしてそれがメンバー（の能力や得意分野）や外部パートナー、機能やデザインにプラスに働かないかといったことや、中間目標を達成するための新しい施策の立案に活用できないかといったことを考える、「あいだにひそむ関係」を発見していくことが大切なのです。


最後に、認知心理学の概念を借りて、プロジェクトを「編集」することの有用性を紹介します。

一つの学習した内容や経験したものごとAが、別の学習内容や経験Bの構成要素になっている時、Bの学習・経験にAの学習・経験が「転移」したと言います。プ譜を記録し、他者のプ譜を見たり、他者のプロジェクトの感想戦に参加することで、この「転移」の力が鍛えられます。学習とは、バラバラに見えていたことが、互いに関連づいたものとして見えるようになることです。プ譜でプロジェクトの過程を記録し、現在のプロジェクトの状況と廟算八要素などが相互に干渉した結果、そこに新しい関係性が生まれ、解決策が創出されます。この「関係の編集」を行うための最適なツールがプ譜です。

それでは、ここからは実際にプ譜を書き始めていきましょう。

# 4-3

# プ譜を書いてみる

ここからは架空のプロジェクトを題材に、実際にプ譜を書いていきます。まず、プロジェクトの概要を共有しましょう。本書の読者として文系の方を想定しているということで、文系の方にも馴染みが深く、実際にここ数年ビジネス界で話題になった「コンテンツマーケティング」を題材にしてみました。

**プロジェクトの概要**

**母体となる企業とその背景**

- 大手メディア企業が、近年ニーズが急速に高まっているコンテンツマーケティングを行うための事業を社内ベンチャープロジェクトとして開始。後に、新会社を設立。新会社は自社サービスの他、編集記事（記事広告）の受託案件を回している。

**メンバー／人材**

- 新会社のメンバーは、同企業で編集記事・記事広告を制作していたチームが中心。社長、専任営業2名、ディレクター、アートディレクター、エンジニア、デザイナーは兼業。

**あなた（プロジェクトマネージャ）の立場**

- あなたはこのプロジェクトマネージャとして、外部から新たに招聘・採用された。
- あなたが入社する前に、プロジェクトの製品は既にプロトタイプができあがっていた。

**製品**

- 顧客がコンテンツマーケティングを行うためのＣＭＳ（コンテンツ・マネジメント・システム）。

- 製品はすべて自社で企画・開発・運用を行う。

**クオリティ、製品の特徴**

- チームメンバーは編集記事（記事広告）を多数つくってきた企画力、編集力、ライティング能力を有する。
- 同メンバーがコンテンツ制作のための「テンプレート」を開発、監修。
- テンプレート機能により、顧客はコンテンツ編集・制作経験に乏しくても、簡単にコンテンツ制作が可能。

**ビジネスモデル**

- ＣＭＳの月額利用料（月額数万円）

**業務実績**

- なし

**競合**

- クラウドソーシングを活用して安価に記事制作を請け負う新興のコンテンツマーケティング制作代行会社。

**プロジェクトの目標**

- 初年度の売上、５０００万円。

この架空のプロジェクトを題材に、プ譜の書き方を解説しながら、第一局面から第七面までを仮想演習してみましょう。

## 第一局面

まず、廟算八要素の欄に、本プロジェクトの概要を、「メンバー」「予算」「納期」「クオリティ」「ビジネスモデル」「環境」「競合」「外敵」に分類して書き込んでいきます。あらためてこれらの要素を説明しておきましょう。

## 第一局面

**廟算八要素**

**●メンバー**

・編集記事広告の受託案件をメインで回しながら、空いた時間に開発を行う。営業2名は専任。ディレクター、エンジニアは兼業。

**●予算規模**

**●納期/リードタイム**

**●クオリティ**

・大手メディア企業の新規事業を行うために作られた会社

・コンテンツ制作のための「テンプレート」

**●ビジネスモデル**

・CMSの月額利用料

**●環境**

・実績なし

**●競合**

・新興のコンテンツマーケティング代行会社

・クラウドソーシング

**●外敵**

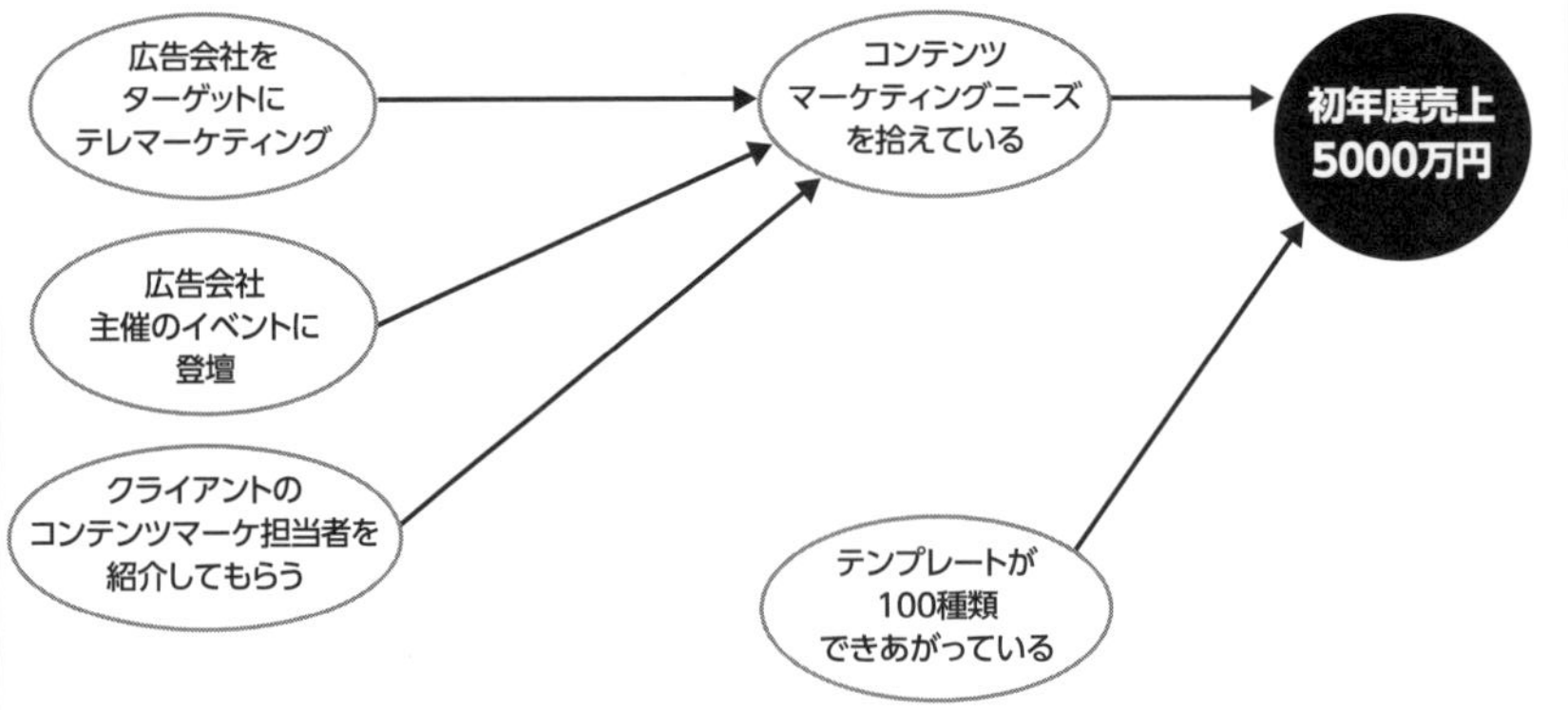

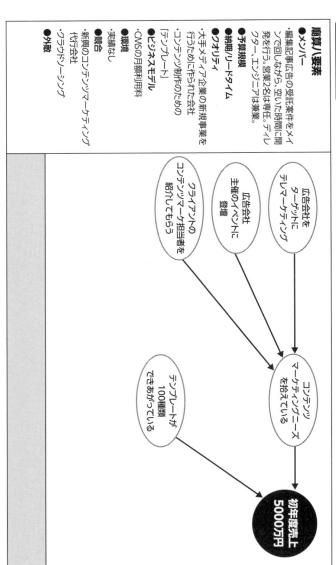

**1．メンバー／人材**

プロジェクトメンバーの役割、得意領域、性格・特性といった情報で必要と思う部分を記述します。勝手知ったるメンバーか、初めて一緒に仕事をするメンバーかによっても書き出す内容は異なるでしょう。

**2．予算規模**

熟練のプロジェクトマネージャであれば、予算の大小にかかわらずプロジェクトを進めることができますが、予算の大きいものには大きいものの、小さいものには小さいものの手筋があります。

ベンチャー企業であれば投資額などもこの項目に入れて良いでしょう。

**3．納期／リードタイム**

納期に無理がないか。リードタイムは十分か。短ければ短いなりの対処の方法があり、場合によってはゴールの内容変更も検討しなければなりません。

**4. クオリティ**

自社サービスのクオリティ（品質）や機能的な特徴、優位性などを記述します。自分が未経験の領域であれば、関連する知識を仕入れておくことが不可欠です。

**5. ビジネスモデル**

どのようにユーザーから費用を頂くのか。自分たちの製品は既存製品の代替物となるのか。同じ課題解決のための製品であってもお金の稼ぎ方の仕組み次第で、打つべき施策や中間目標が大きく変わってきます。

**6. 環境**

プロジェクトが関わる業界、市場環境、文化、ムーブメント、人々の価値観や期待など、内外の環境もプロジェクトの大きな変数です。この環境はまた刻々と変化します。

**7. 競合**

国内外の類似製品といった眼前の目に見える競合もあれば、ビジネス上のカテゴリーが違うことで、一見競合のようには見えない競合もあります。わかりやすい所では、少年漫画誌の目に見える競合は他の少年漫画誌になりますが、見えない競合はスマホゲームやコミュニケーションツールである、といったものです。

## 8．外敵

競合とは異なり、「自分たちのプロジェクトの存在自体を、意識的もしくは無意識的に亡き者にしようとする意思がある存在」のことを指します。それは古参のベテラン社員であったり、異なる業界で成功を収め、新たに加わったセールスマネージャーかも知れません。

この八つの要素を記述する際、わかっている情報はすべて書き込んでおきたいところですが、すべての項目を無理に埋める必要はなく、記述することができる項目だけでかまいません。また、これらの情報はプロジェクトが進む中で刻々と変化する状況に合わせてアップデートされていきます。記述したものが不変ではなく、更新され続けていくという心構えでいればいいでしょう。

廟算八要素が記述できたら、次は（プロジェクトの）ゴールである「勝利条件」を書きましょう。題材のプロジェクトでいえば「初年度の売上５０００万円」になります。勝利条件の記述内容は、事業計画書であれば「３年後の売上５億円」といったものを据える場合もあれば、プ譜は一枚ですべての時間軸を表現せず、一局面一シートとするため、まずは「新サービスをＮ年Ｎ月にローンチ」とし、その後の局面で、勝利条件を３年後の売上目標とするというように、変化するものとして記述することができます。

スケジュールと金額が一緒になったものもあれば、市場シェアと一緒になった表現もありますし、システムインテグレーターであれば受託したシステム開発の納品や、新メディアの創刊、マンションコミュニティの発足など、それぞれのプロジェクトにそれぞれの勝利条件が存在します。

勝利条件を記述したら、勝利条件を果たすための「中間目的」を記述しましょう。中間目的は、ゴールを達成するために細分化された目的で、この章の冒頭に述べた通り、プロジェクトマネジメントの経験が長い方には、ＣＳＦ（主要成功要因）と読み換えて頂いても結構です。中間目的の出し方は、ロジカルシンキングの訓練を受けた方であれば「ＭＥＣＥ（ミーシー。情報の整理などに使用する考え方）」のように漏れなくダブりなく出すイメージでも良いですし、数学が得意な方であれば問題を解く助けとなる「補助問題」をつくるようなイメージでもいいです。定性的な表現でも定量的な表現でも構いません。個人的には、勝利条件を果たすための「状態」を書いた方がよいと考えます。

題材としたプロジェクトでは、自社製品である「コンテンツマーケティングＣＭＳ」を販売して、「売上５０００万円」という勝利条件を果たすために、「ニーズを拾えている」「テンプレートが１００種類できあがっている」という二つの中間目的が記述されています。

中間目的が記述できれば、次はこの中間目的を実現するための「施策」の記述です。このプロジェクトでは、専任の営業担当者がいるものの、まずはこれまで編集記事を作成してきたクライアントから、コンテンツマーケティング担当者を紹介してもらったり、注目されるコンテンツマーケティングについて、自社のクライアントから問い合わせを受けているであろう広告会社にコンタクトを取ろうとしているようです。この局面では施策の数も少ないので、この施策の出し方については後述します。

一方、初心者でも質の高い記事をつくることのできる「テンプレート」を１００種類つくることが中間目的になっているようですが、なぜかここの施策が記述されていません。

あなたは外部から採用されたプロジェクトマネージャとして、この第一局面が終わった段階でこのプロジェクトに参加することになったものとします。プロジェクトに参加したばかりのあなたは、参加後すぐにプロジェクトメンバーから情報を収集し、この第一局面のプ譜を書き上げました。

中間目的はあるのに、そのためにどんな施策を行えばよいかがわからない。スローガンはあれど具体的な行動が伴っていないといったプロジェクトはよくあります。このような場合、プロジェクトマネージャは施策を考え出さねばなりませんが、一旦ここでの施策はないままにして、次の局面に進めてみるとしましょう。

## 第二局面

プロジェクトの勝利条件、中間目標と施策を書き終えれば、次はその施策を実行に移します。第二局面では、実施した施策の結果を記述します。プ譜ではこれを「事象」と称し、第二局面のように吹き出しで記述します。

本プロジェクトの事象の記述を見てみましょう。準備した施策はどれも思ったような反応が返ってきていません。施策の結果が芳しくないだけでなく、これまでの受託案件（ここでは高額の記事広告作成としましょう）に慣れたメンバーからすると、サブスクリプショ

## 第二局面

### 廟算八要素

**●メンバー**

・編集記事広告の受託案件をメインで回しながら、空いた時間に開発を行う。営業2名は専任。ディレクター、エンジニアは兼業。

**●予算規模**

**●納期/リードタイム**

**●クオリティ**

・大手メディア企業の新規事業を行うために作られた会社

・コンテンツ制作のための「テンプレート」

**●ビジネスモデル**

・CMSの月額利用料

**●環境**

・実績なし

**●競合**

・新興のコンテンツマーケティング代行会社

・クラウドソーシング

**●外敵**

**・受託案件の"固さ"に慣れたメンバー**

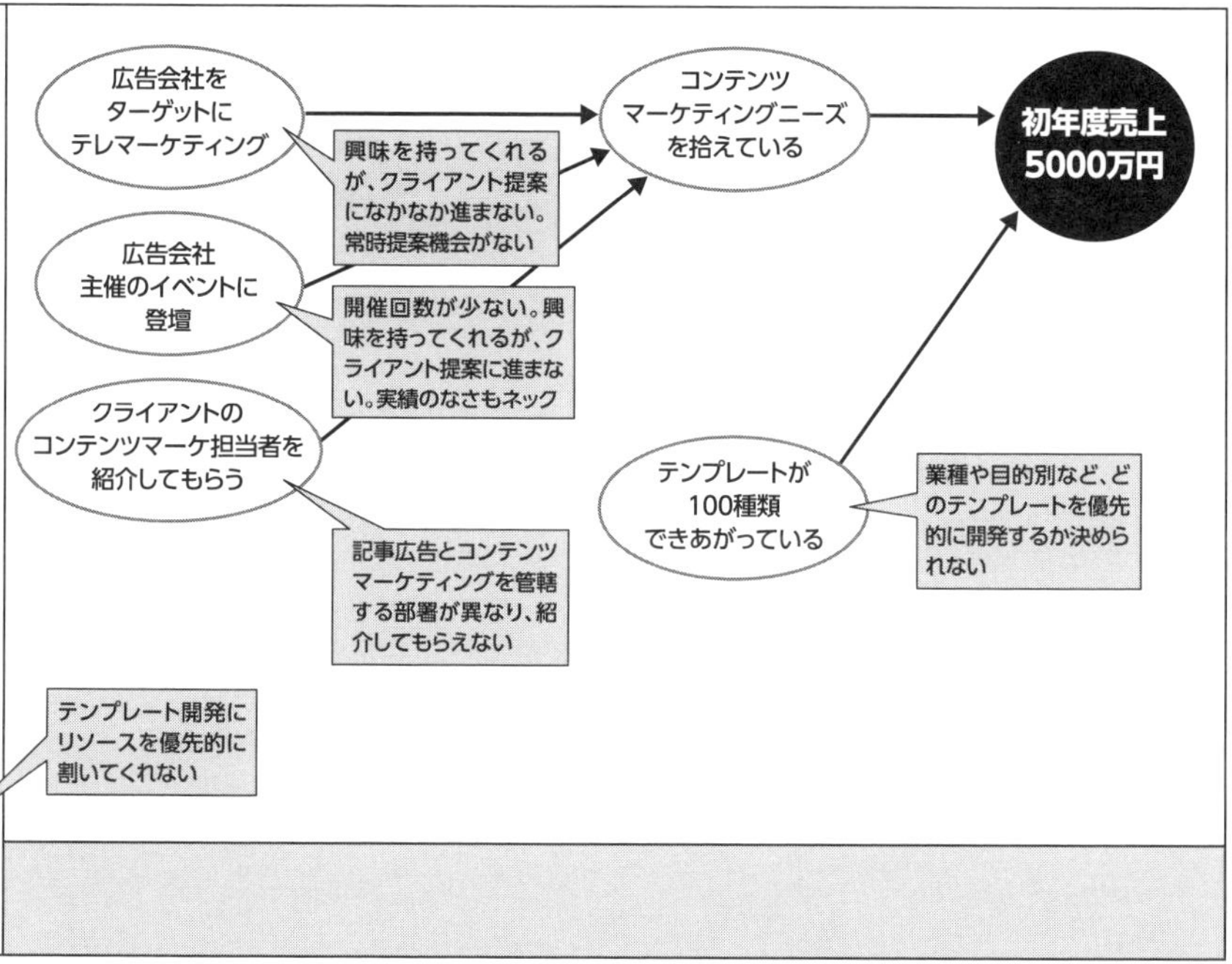

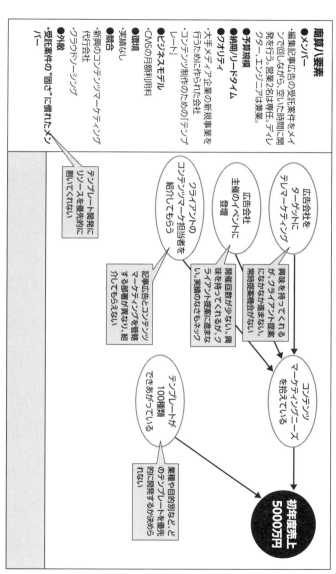

ン型（利用した期間に応じて料金を支払う方式）とはいえ、今回提供するサービスであるCMSの利用料金の低さは、機能開発のモチベーションにならず、なかなかリソースを割いてくれません。これはプロジェクトの第一局面では見えていなかった、廟算八要素の「外敵」が身内であるはずのプロジェクトメンバーにいたということです。

さらには、本サービスの肝であるテンプレート開発も、どんな業種の、どんな用途が最もニーズがあるのかわからないという有様。これでは施策など立てようもありません。

さて、プロジェクトマネージャであるあなたはこれらの事象にどう対応するべきでしょうか。

## 第三局面

準備した施策がうまくいかなかったあなたは、早々にこれらの施策に見切りをつける判断をします。「事象」として表れた「広告会社に常時提案機会がない」ということに対し、「常時提案ができるパッケージ商品」の開発や、登壇回数が少なく規模も小さい「広告会社のセミナー」ではなく、当該テーマで開催される規模の大きい「展示会とのコラボ」といった施策を思いつきます。

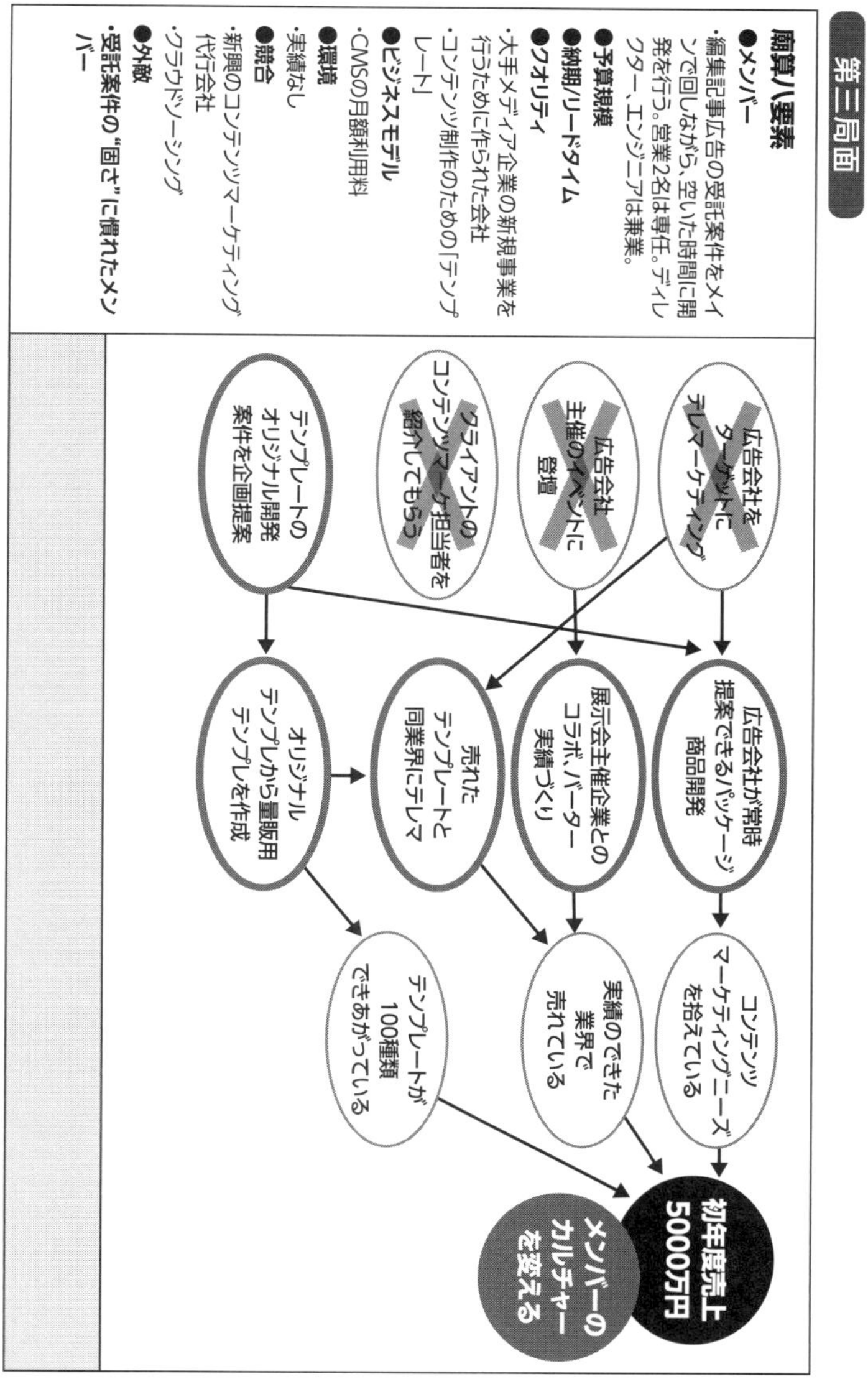
第三局面
成算八要素
●メンバー
・編集記事広告の受託案件をメインで回しながら、空いた時間に開発を行う。営業2名は専任。ディレクター、エンジニアは兼業。
●予算規模
●納期/リードタイム
●クオリティ
・大手メディア企業の新規事業を行うために作られた会社
・コンテンツ制作のための「テンプレート」
●ビジネスモデル
・CMSの月額利用料
●環境
・実績なし
●競合
・新興のコンテンツマーケティング代行会社
・クラウドソーシング
●外敵
・受託案件の"固さ"に慣れたメンバー
広告会社をターゲットにテレマーケティング
広告会社主催のイベントに登壇
クライアントのコンテンツマーケ担当者を紹介してもらう
テンプレートのオリジナル開発案件を企画提案
広告会社が常時提案できるパッケージ商品開発
展示会主催企業とのコラボ、バーター実績づくり
売れたテンプレートと同業界にテレマ
オリジナルテンプレから量販用テンプレを作成
コンテンツマーケティングニーズを拾えている
実績のできた業界で売れている
テンプレートが100種類できあがっている
初年度売上5000万円
メンバーのカルチャーを変える

そして、「受託案件の〝固さ〟に慣れているメンバー」を動かすため、彼らのこれまでのカルチャーに馴染みの深い、「高価格帯のクライアントオリジナルのオーダーメイドテンプレート」という商品を企画しました。ここで開発したオーダーメイドテンプレートを汎用化して、中間目的である「１００種類のテンプレートをつくる」ための施策とすることにしました。さらに、オーダーメイドのテンプレートが売れたなら、それを事例としてその業界に対してテレマーケティングをかけるという施策を立案しました。この施策により、新たに「実績ができた業界で（ＣＭＳが）売れている」という中間目的を追加しました。

同じ目標を有しているはずのプロジェクトメンバーだからといって、全員同じ方向を向いているとは限りません。製品に対する思い入れ、ビジネスモデルに対する確信や懐疑、長年の仕事の経験から形成される価値観などが、プロジェクトの行く末を左右することがあります。題材のプロジェクトにおいて、もし、このメンバーの価値観の問題に気づいた社長が、あなたの着任時にこの問題を共有していれば、「メンバーのカルチャー（価値観）を変える」ということが、勝利条件あるいは中間目的になっていた可能性があったわけです。

ここで、いったんプ譜を進める手を止めて、プロジェクト序盤のプ譜を記述する際のポイントとコツを整理しておきましょう。

- プロジェクト開始前の時点で、すべてを予見した完璧なプランを立てることは不可能。
- その分、できるだけ「豊かな選択肢（中間目的と施策）」を持つ。「貧しい選択肢」しかないと、道筋が一カ所でも断たれると、その他の打ち手がなくなってしまう。
- 予算やスケジュールが有限なプロジェクトでは試行錯誤を繰り返すことはできないため、できるだけ筋の良いプランをつくらなければならない。
- 強固な筋（ストーリーやルール）にしてしまうと身動きがとれなくなるので、「いかに筋をつくっていくか」という過程（プロセス）が重要になってくる。
- 最初に書く際は、未知な状態であるがゆえに、演繹的に「勝利条件→中間目的→施策」と記述していく。
- プロジェクトが動き出してからは、「原因→結果」の関係で事象を理解し、帰納的に「施策→中間目的」と記述していく。

これは将棋にもその他のゲームにも共通することですが、プロジェクトにおいては序盤戦が特に重要です。プロジェクトの序盤では状況が頻繁に更新されるため、初期の状態がいちばん打ち手の可能性が多く、プロジェクトの進展とともに徐々に未知変数の数が少なくなり、打ち手の数も少なくなっていきます。

序盤は自分の決めた手で押し通すというよりも、状況や環境の変化に対応して打ち手を見つけていくという心構えで進めていくとよいでしょう。

## 第四局面

第三局面で中止を決定した施策はプ譜から削除しました。新たに実施した施策は機能しているようで、広告会社経由でEC業界と不動産業界のオリジナルテンプレート案件が受注できました。さらに、コンテンツマーケティングのニーズに応えることを目的としていたCMSは、オリジナルテンプレートの企画提案活動を行う中、顧客の事情や課題をヒアリングすることで、社内報などインナーコミュニケーション用のコンテンツにニーズがありそうなことも発見しました。

廟算八要素の情報もアップデートされます。受託案件の固さに慣れたメンバーは、これまでのカルチャーに適した仕事を与えられたことで外敵ではなくなり、ゼロだった実績も大手企業の導入が決まりました。明らかにプロジェクト開始時点より進化しています。

## 第四局面

### 廟算八要素

●**メンバー**

・編集記事広告の受託案件をメインで回しながら、空いた時間に開発を行う。営業2名は専任。ディレクター、エンジニアは兼業。

●**予算規模**

●**納期/リードタイム**

●**クオリティ**

・大手メディア企業の新規事業を行うために作られた会社

・コンテンツ制作のための「テンプレート」

●**ビジネスモデル**

・CMSの月額利用料

●**環境**

**・大手企業3社での実績**

●**競合**

・新興のコンテンツマーケティング代行会社

・クラウドソーシング

●**外敵**

・~~受託案件の"固さ"に慣れたメンバー~~

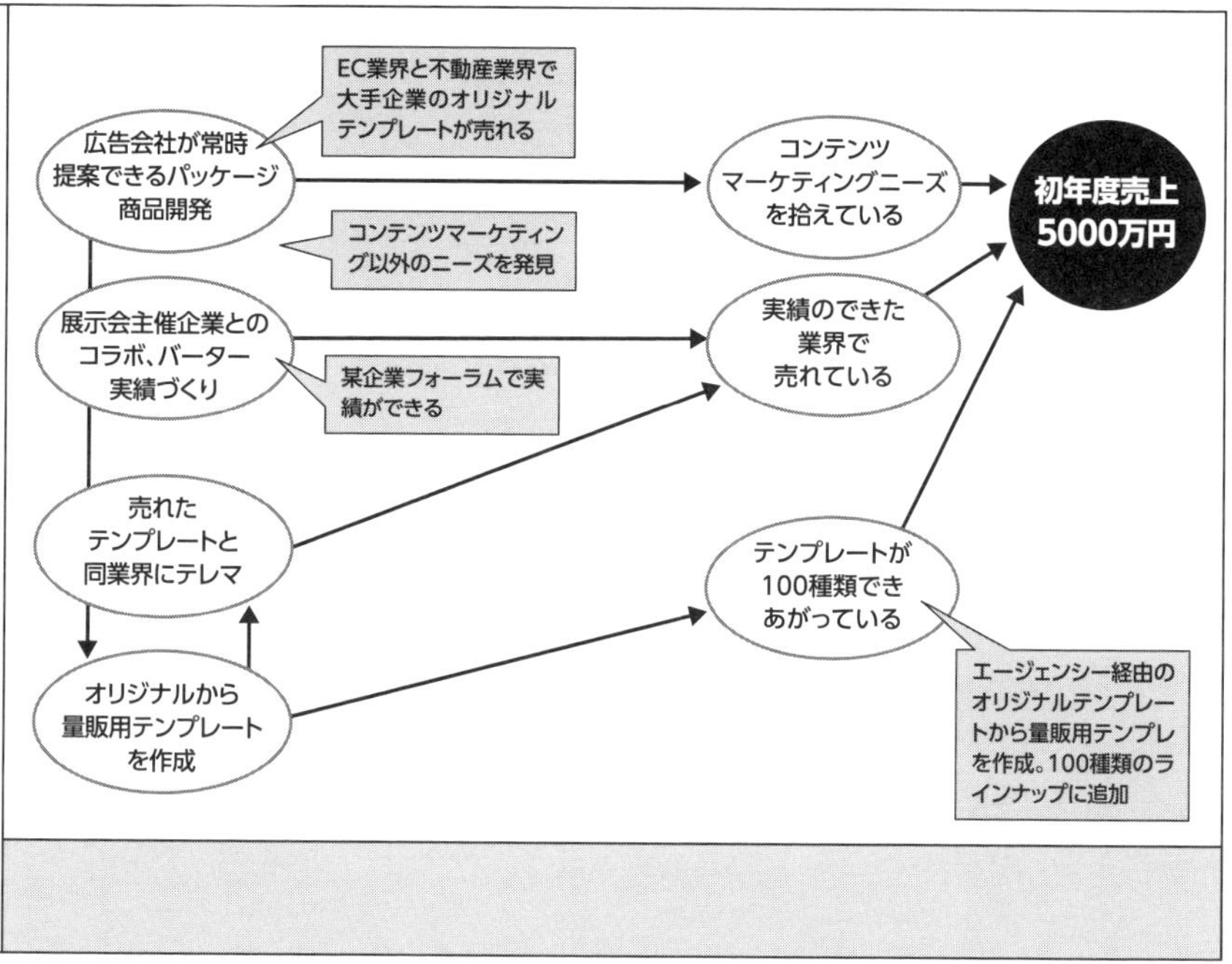

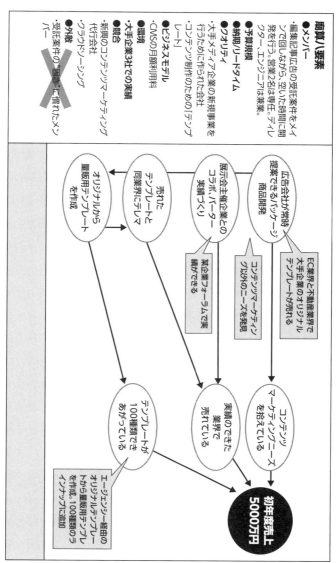

## 第五局面

この局面では、できた実績をもとに同業界への営業（テレマーケティング）を強化しますが、同じ業界といえども「ライバル社がやるなら、うちはやらない」といった反応や、「他社さんとうちでは条件が違うから……」といった反応が出て、アポイントにまったくつながらず、営業成果は芳しくありません。

そうこうしている間に、あなたが入社する前から活動していた営業責任者が退社してしまいます。プロジェクトではこうした膠着状況に陥ることがありますが、この状況を変化させるために、遭遇した事象を素材や機会と捉え、どうにか活用できる要素がないか。自分が見落としている可能性がないかということを考えます。積極的にこの状況を変化させなければなりません。

## 第六局面

なぜアポイントが取れないのかを考えたあなたは、自社製品の特徴や、メンバーが有する技能・経験、過去に引き合いのあった見込客へのヒアリングなどから、自社製品のシス

## 第五局面

**廟算八要素**

**●メンバー**

・編集記事広告の受託案件をメインで回しながら、空いた時間に開発を行う。営業2名は専任。ディレクター、エンジニアは兼業。

**・営業責任者が退職**

**●予算規模**

**●納期/リードタイム**

**●クオリティ**

・大手メディア企業の新規事業を行うために作られた会社

・コンテンツ制作のための「テンプレート」

**●ビジネスモデル**

・CMSの月額利用料

**●環境**

**・大手企業3社での実績**

**●競合**

・新興のコンテンツマーケティング代行会社

・クラウドソーシング

**●外敵**

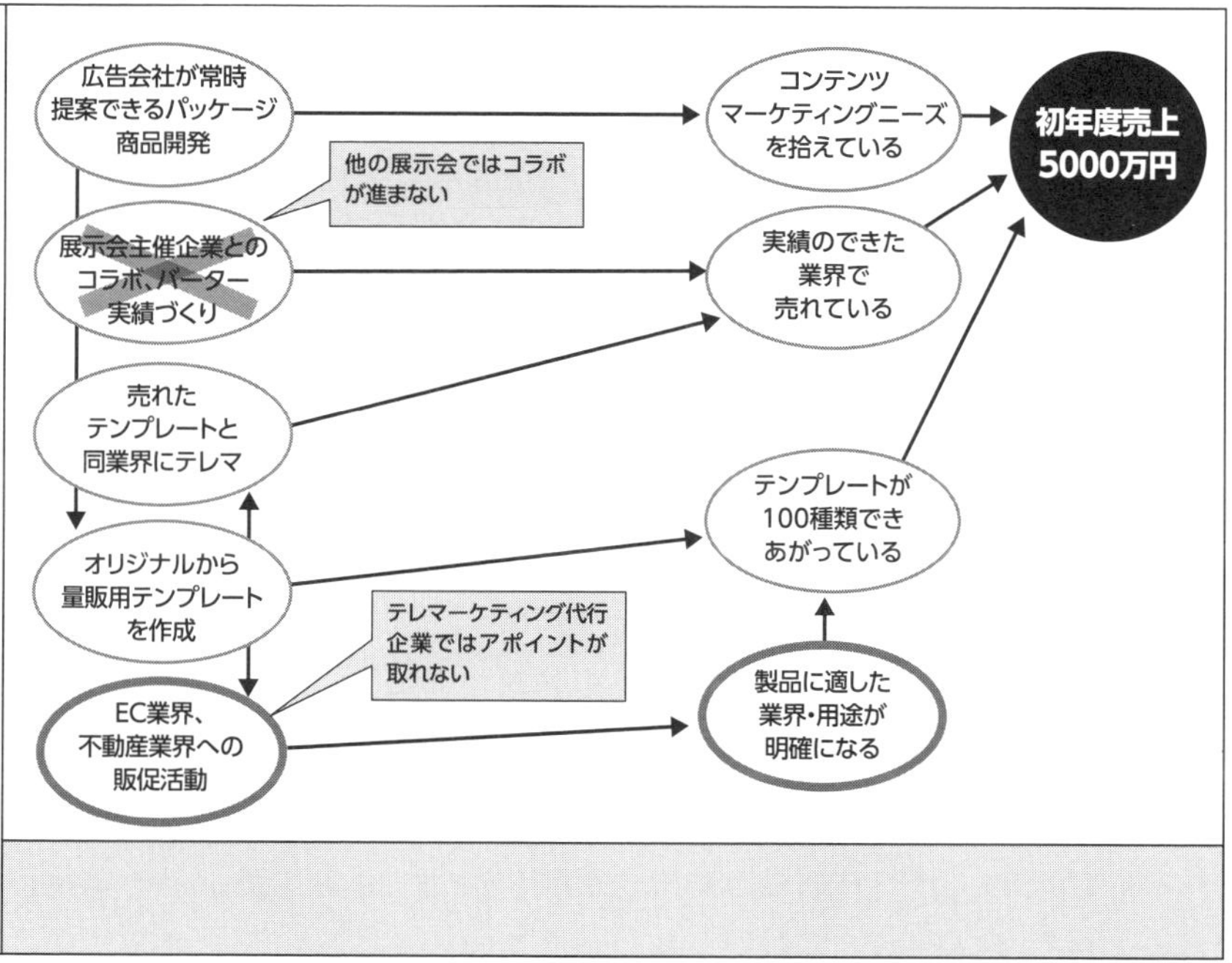

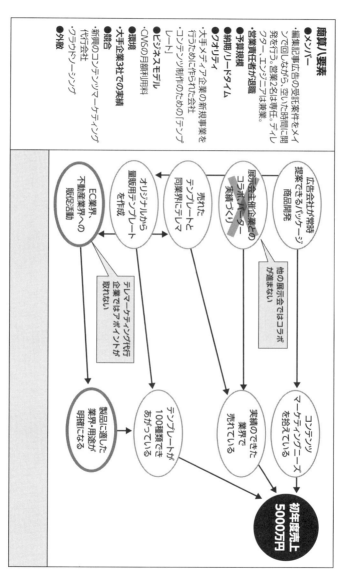

テムはコンテンツ制作未経験者であってもでも簡単にコンテンツをつくることができるとはいえ、強い興味関心を持ってもらうには、受話器越しの言葉や実績よりも、実際にシステムをさわり、その使い勝手の良さを知ってもらうと共に、ツール面以外でのコンテンツ制作の考え方などを伝えた方がよいのではないか、という仮説を思いつきます。

そこで「コンテンツ制作ワークショップ」施策を実行に移し、プレスリリースなどでも配信した結果、コンテンツマーケティングに関心を持つクライアントを有する企業からセミナー共催の提案が来たり、セミナーを受講した企業が製品を導入したりしてくれるようになりました。

## 第六局面

**廟算八要素**

**●メンバー**

・編集記事広告の受託案件をメインで回しながら、空いた時間に開発を行う。営業2名は専任。ディレクター、エンジニアは兼業。

**●予算規模**

**●納期/リードタイム**

**●クオリティ**

・大手メディア企業の新規事業を行うために作られた会社

・コンテンツ制作のための「テンプレート」

**●ビジネスモデル**

・CMSの月額利用料

**●環境**

・大手企業3社での実績

**・ワークショップ経由での実績2社（教育、EC業界）**

**●競合**

・新興のコンテンツマーケティング代行会社

・クラウドソーシング

**●外敵**

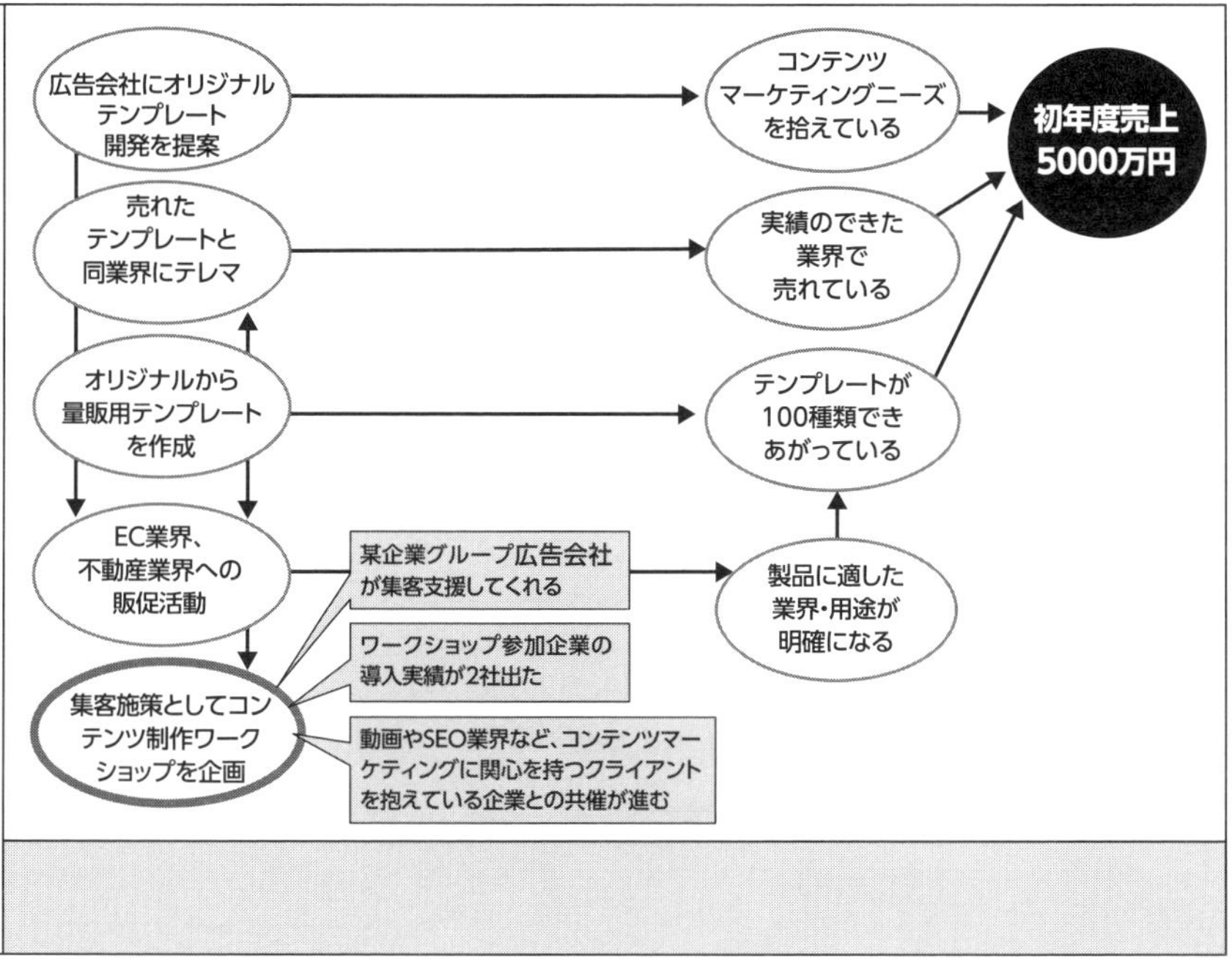

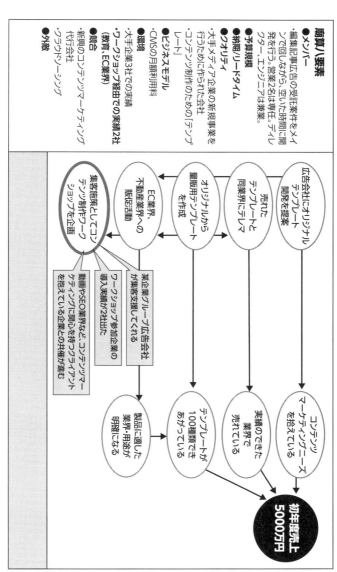

## 第七局面

この施策の成功結果を受けて、あなたは施策と中間目的を大きく変更します。コンテンツ制作ワークショップを定期開催するとともに、業界や目的別のコンテンツ制作ナレッジの資料集を作成。ウェブサイトにアップロードして、見込客にダウンロードしてもらうことで、精度の高い見込客情報を獲得することを目指しました。また、これまではCMSの操作方法しか提供していなかったところを、実績があれば実事例を、実事例がなければ架空のコンテンツをつくり、サンプル集として見込客に提供することにしました。

これは、あなたのプロジェクトメンバーの経験やスキルなくしてはできなかったことです。しぶしぶながらも動いてくれたプロジェクトメンバーでしたが、ワークショップの場に出てもらい、操作性や機能への見込客の反応に直接触れさせることで、このプロジェクトに対するモチベーションも向上してきたようです。

あなたの製品はユーザーインターフェースに優れており、誰でも簡単にコンテンツを制作できることが特長です。ユーザーもその点は認めていましたが、本質的な問題はツールの使い方よりも、それを使って自分たちだけで自社ブランドや目的に適う形でコンテンツをつくることができるかという点にありました。その点を鑑みて、あなたは中間目的に、

## 第七局面

**廟算八要素**

**●メンバー**

・編集記事広告の受託案件をメインで回しながら、空いた時間に開発を行う。営業2名は専任。ディレクター、エンジニアは兼業。

**・営業責任者が退職**

**●予算規模**

**●納期/リードタイム**

**●クオリティ**

・大手メディア企業の新規事業を行うために作られた会社

・コンテンツ制作のための「テンプレート」

**●ビジネスモデル**

・CMSの月額利用料

**●環境**

・大手企業3社での実績

・ワークショップ経由での実績2社（教育、EC業界）

**●競合**

・新興のコンテンツマーケティング代行会社

・クラウドソーシング

**●外敵**

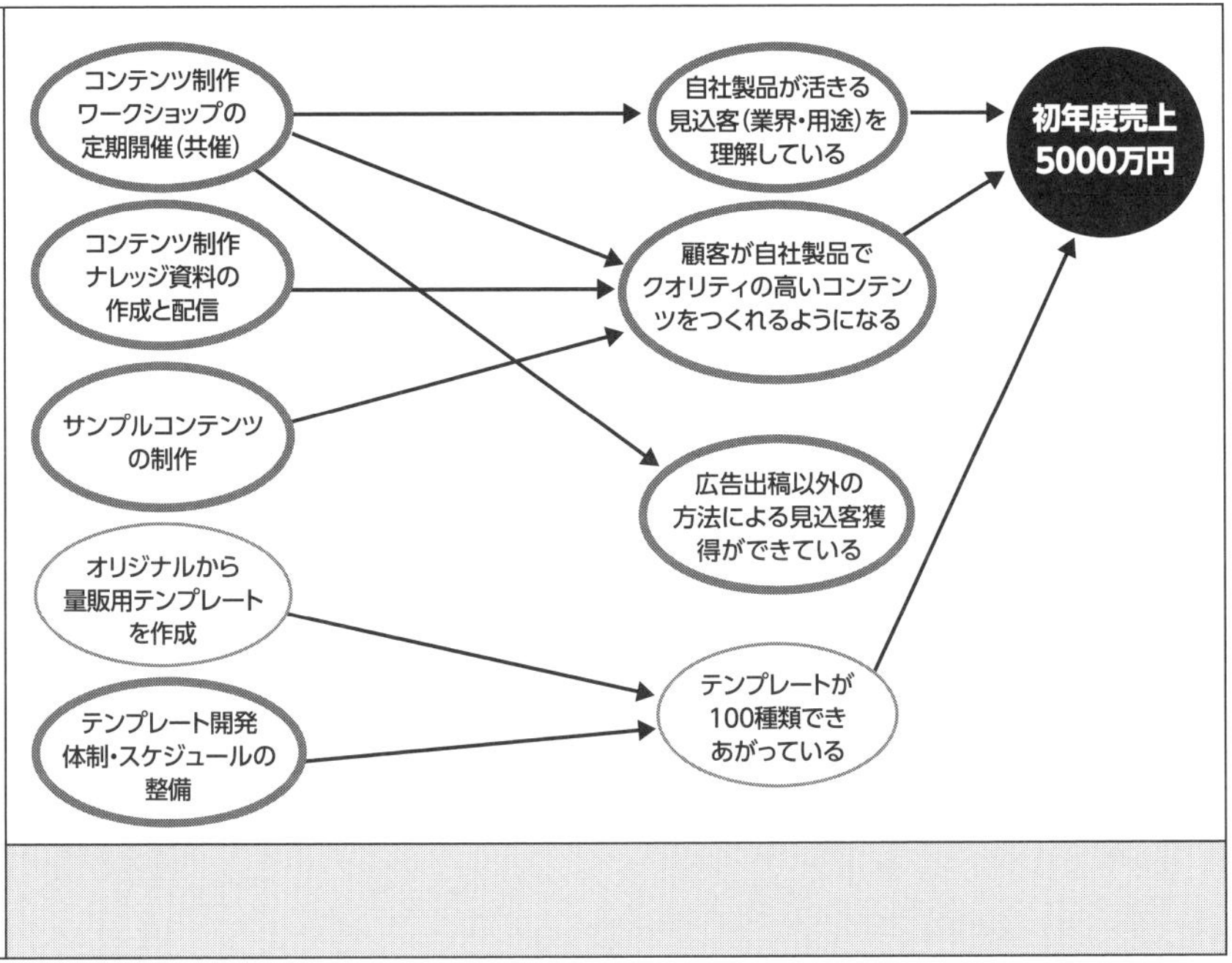

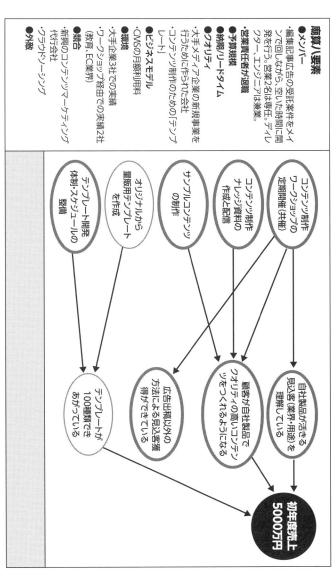

「自社製品が活きる見込客（業界・用途）を理解している」「顧客が自社製品でクオリティの高いコンテンツをつくれるようになる」を設定しました。

プロジェクトはこの先も続いていき、年度末には目標売上を達成できているかという評価を行わなければなりませんが、仮想演習は一旦ここまでとします。

# 4-4 まとめ

ここで、ここまでの仮想演習を振り返り、「施策」の選び方とつくり方、「事象」の記述方法のコツについて解説します。

施策は中間目的が出ればその中間目的に書かれた「状態」を達成するために自然と出てくるものです。また、廟算八要素に含まれる人材や技術などからも考え出すことができ、他社や過去事例からもアイデアを得ることができます。難しいのはそこで出た施策のどれを実行するかという「選び方」です。選び方の問題は「優先順位のつけ方の問題」でもあり「意思決定の問題」でもあります。

そこで、これらの視点も借りながら、施策の選び方のコツを紹介します。

- シンプルか？（関与者がムダに多い、調整事が多いものは除外する）
- 緊急度が高いと思われるものは、重要度との兼ねあいから、取り組むべきかどうかを決

める

- 現在のリソースで実行可能か？（明らかにムリであれば取り組まなくていい）
- 費用対効果が高いか？
- 他の施策や中間目的とのツジツマが合っているか？　矛盾していないか？
- 必要条件か？十分条件か？（ケースによるが、十分条件まで満たす必要はあまりない）
- 進展性は高いか？（中間目的の状態をより良いものにすることができそうか？）
- タイミングは適切か？（論理的には正しくても、リソースや状況によって実行するには早すぎる、早すぎて十分な効果が出ないということがある）
- トレードオフは？（その施策を選択することによって実行できない施策があるなら、より取るべき施策を選択する）
- What is not?（～でなければ、どうなるか？）と問うてみる

仮想演習の第七局面では施策を大きく変更しました。ここでお伝えしたかったのは、一つの施策（手段）に固執しないということです。ある施策で一生懸命に取り組むほど、その施策を行うこと自体が目的化してしまい、その施策から離れられなくなってしまいます（これは中間目的にも共通します）。プロジェクトマネージャがこのような考えにとらわれ

ていると、自らが考案した施策を捨てることができませんが、プ譜で可視化し、「観の目」でとらえるようにすることで、客観的に判断できるようになることでしょう（それでも難しい場合は、利害関係のない他者を交えた「感想戦」が役に立ちます。感想戦については第六章を参照下さい）。

施策のつくり方は先に述べたように自然に出てくるものと考えますが、状況によっては、時には誰もが思いもしないような、ゲリラ的な、「そんな手があったか！」というような施策を考えなければいけない局面があります。

子どもを産んだばかりの母ネズミの栄養の取り方を例に取りましょう。私たちが母ネズミの身になって考えつく施策としては、「敵がいないタイミングを見計らって餌を探しに出かける」「長期間巣にこもれるように餌を溜め込む」といったものが出てくると思います。しかし、母ネズミが採用している〝施策〟は、「子ネズミの肛門を舐めて排泄を促し、その糞尿を食べて、必要な栄養を回収する」というものだそうです。

こういう仮説＝施策は「ふつうの考え方」では思いつくことは難しいですが、アナロジーなど連想や見立ての力を使うこと、「問題の表現を変えること」でその可能性を高めることができます。この方法については第五章で詳述します。

自分たちの施策の結果を「事象」としてどのように記述するかは、その後の対応に大きな影響を与えます。プ譜の編集性の項でも述べましたが、私たちの知覚と判断はフィルターとバイアスの影響を強く受けています。ここで認知科学の概念を借りながら説明しましょう。

プロジェクトにおいては、自分が直面している状況でなにが起きているのかということを「観察」し、正確に把握する必要があります。私たちの脳は入ってくる情報を過去の経験を通してふるいにかけるように設定されています。これは悪く表現すれば、「自分たちが見たい・聞きたいと思う情報を見聞きしたがる」ということです。これが情報のフィルターであり心理的バイアスです。これによって私たちは実はプロジェクトの膠着状況を打破したり、好転させる可能性のある情報を無意識に捨て去ったりしてしまっている可能性があります。

そのため、プ譜の事象を記述する際は、自分には情報を歪曲する性質があることを自覚し、それをなくす・軽減することに意識的になって、〝曇りなきまなこ〟でユーザーや見込客の反応を受け止めて記述せねばなりません。

そしてそれをプロジェクトメンバーにも徹底する必要があります。自分の好みや偏見は含めず、受け取った情報を自分が知りたい内容は表現に改変せず、ありのままに書く。これが事象を記述する際のポイントです。それでもバイアスがかかってしまう場合は、多人数で検討を行う必要があります。

ここまでプ譜を使用した仮想演習をご覧頂きました。読者のみなさんにはぜひ一度ご自身のプロジェクトをプ譜にし、仮想演習をして頂きたいわけですが、他者のプロジェクトを「疑似的に」体験することで、得られる気づきや教訓があるはずです。

仮想演習に限らず、問題解決のための知識は世の中にたくさん転がっていますが、そうした知識は、最初は自分の内なる経験や知識に結びつかず、自分にとっての意味を持っていません。問題を解決していくための知識とするには、実際に自身の問題解決に利用されることを通して、自分に意味づける必要があります。

こうした他者の事例や世の中の様々な出来事、知識を自分のプロジェクトに応用する力についても第五章をご覧下さい。

# 第5章 プロジェクト・エディティングの技術

編集は、時間とともに変化をする環境条件や意識の深化によって進行し、しだいにそこにかかわるすべての関係を変容させていくところに醍醐味がある。エディティングの進行は、ひとえに関係発見的なのである。あらかじめ決められた配置に話をもっていくのはエディティングとはよばない。それは談合であり、妥協なのである。

松岡正剛『知の編集工学』

## 5-1

# プ譜をさらにうまく使うために

プ譜の基本的な記述方法を一通り誌上体験頂いた後は、プ譜の応用編です。まずは、プ譜を使ったプロジェクトの進め方・記述方法をおさらいしていきましょう。

プ譜では、「廟算八要素」に基づき、「勝利条件（ゴール）」に向かって、細分化された「中間目的」を達成するための個々の「施策」を行う。施策を行った結果を「事象」として記録することで、その結果への対応方法を検討するというプロセスを踏みます。このプロセスは、問題解決や人間の認知活動と共通する点が多く、言い換えるならばプロジェクトとは問題解決の過程そのものです。

第四章で「問題解決」のプロセスをプロジェクトに転用する考え方を紹介しましたが、この章では特に、プ譜を応用する上で多くのヒントを得ている認知科学について概要を紹介しましょう。

認知科学は、人間の知・心の働きを探求することを主眼に置く学問領域で、心の働きを

**情報処理の考え方**

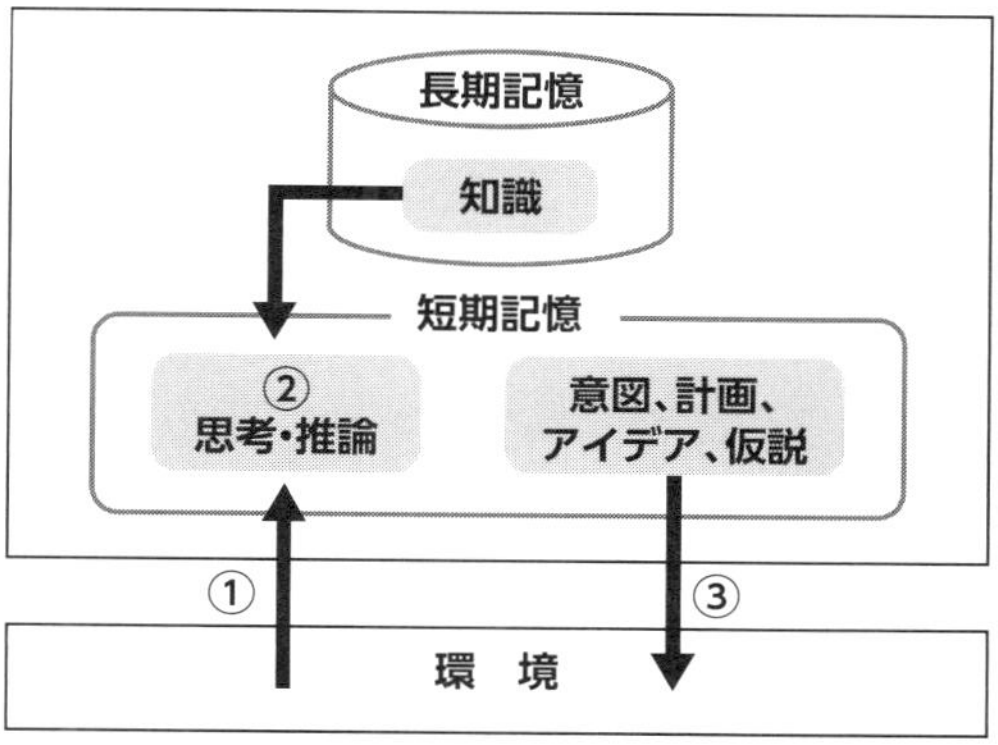


出典:諏訪正樹『「こつ」と「スランプ」の研究　身体知の認知科学』をもとに筆者作成

探求する際の原理として、「情報処理」という考え方を用いたところに特徴があります（図：情報処理の考え方）。環境の中にいる人間が、そこで遭遇・獲得した情報を入力（知覚）し、自分の経験や知識と照らし合わせたり、それらを組み合わせたりといった思考・推論を行い、考えついた計画や仮説を、再び外部の環境に出力するというプロセスをふむ、と考えます。

この「出力」をプ譜でいうところの「施策」とし、「環境」をプロジェクトの現場・状況と置き換えると、プロジェクトは極めて認知的な行為であると言えるのではないでしょうか。

アメリカの心理学者エドガー・シャインの「ＯＲＪＩモデル」もこれに似たプロセスを提唱しています。

観察（Observation）し、そこで見たものに対して感情的に反応（Reaction）し、観察と結果と感情に基づいて判断（Judgement）し、なにかを起こすべく表立って行動＝介入（Intervention）する。この「観察」「反応」「判断」にフィルターとバイアスがかかるというのがＯＲＪＩモデルの特徴です。プロジェクトを進める中で遭遇する「事象」を、〝曇りなきまなこ〟でとらえ、情報を正しくプ譜に記述しようという考え方は、このモデルから借りています。

このようにプ譜は認知科学などから多くのヒント、学術的な根拠を得て考案されており、以降は下記の推論方法、概念を、プ譜での活用を念頭に置きながら解説します。

※以降の各概念や用語の解説は、プ譜での活用を念頭にアレンジを行っています。根本的にこれらの概念を知りたいという方は巻末の参考文献を参照下さい。

# 5-2

# 当たり前の発想を飛び越え、連想を助けるもの

世に新規事業は数多く存在しますが、ライバル社や新興ベンチャー企業が始めたのを受けて、後追いでスタートさせた「その会社にとっての新規事業」の場合が少なくありません。そうして動き出したプロジェクトで採用する施策は、ビジネス誌、マーケティング専門webメディア、業界紙などに掲載されている国内外の事例を大いに参考にするでしょう。しかし、事例やベストプラクティスとは、状況に癒着しているものです。その業界での成功例ではあっても、それが自社にそのまま当てはまるはずがありません。そうした情報をもとに採用した施策は、「当たり前の施策」として採用時は安心するものの、期待した効果が出なかった時に、そのままダラダラとお金をつぎ込み続けるか、早々に見切りをつけるかしかなくなってしまいます。ここでは、そうした当たり前の発想を飛び越える思考のツールをご紹介します。

## アナロジー（類推し連想する能力）

前章でも述べたように、プロジェクトマネージャの能力を高める方法には、個人スキルを高めたり各種の知識を学んだりすること以上に、実践経験を積むことが何より近道です。しかし、プロジェクトマネージャとして実践経験を積む機会というのはそう多くはありません。そこで、筆者らがプ譜を使用した仮想演習（ケーススタディ）を推奨しているのですが、プ譜の勉強会やコンサルテーションの場で、そのことに対して、「仮想演習の重要性はわかるけど、自分が担当している製品の、或いは同じ業界のケースでなければ、学びや気づきを得ることができないのではないか」と疑問や不安を感じる方がいらっしゃいます。

この疑問は至極まっとうですが、プロジェクトが未知な要素を多分に含むものである以上、完全に同一同様のケースは存在しません。事例とは「状況に癒着」した個別具体的なものであって、私たちはそうした事例から自分のプロジェクトに当てはまる部分、活用できる部分を取り出していかなければなりません。アナロジーとはまさに、ある問題を解くのに、よく似た別の問題を結びつけて、関連づけて考える思考法です。

アナロジーの内容を理解するために、ドイツの心理学者カール・ドゥンカーが考案したこちらの問題を解いてみて下さい。

**問題**

- あなたは医師で、担当している患者は胃に悪性の腫瘍がある。
- 既に手術は不可能な状態で、腫瘍を破壊しない限り、患者は死ぬしかない。
- 患部に十分な強度の放射線を照射し、腫瘍を破壊すれば、転移せずに完治する可能性がある。
- しかし、この強度で照射すると、腫瘍に達する途中で通過する健康な細胞をも破壊してしまう。
- 逆に健康な細胞に害を与えない程度に強度を抑えると、腫瘍に対してなんの効果も上げられない。
- 放射線で腫瘍を破壊し、同時に健康な細胞の破壊を避けるためには、どんな方法が考えられるだろうか？

それでは次に、日本の工学者で認知科学やコンピューターサイエンスに関する著書も多い安西祐一郎が考案した次の問題にもチャレンジしてみましょう。

**問題**

- あなたは消防士で、ある火災現場に到着している。
- 燃えているのは歴史的価値の高い古い家屋で、中央付近から火が出ている。
- 家にはいくつか窓があり、窓から家の中へ消防車で放水することができる。
- ただし、一カ所の窓から放水しようとすると、水の勢いが強すぎて、窓枠が崩れてしまう。
- 家屋を壊さずに火だけを消し止めるには、どんな方法が考えられるだろうか？

両方の問題が解けたでしょうか？　前者の問題の答えは、「正常細胞を破壊しない程度の弱い放射線を、四方八方からちょうど患部のところで交わるようにあてる」という方法が最も一般的とされています。そして、後者の答えはもうおわかりですね？　ここでは意図的に問題の表現を似せて書いており、既にお気づきの読者もいると思いますが、この二つの問題は、表面上は異なって見えるケースですが、構造レベルでは同じ問題です。言い換えれば「具体」的には異なり、「抽象」的には同一、というものです。

どちらのケースを先に経験しているかで差はありますが、もしあなたがまだ経験の浅い医師で、前者の問題のようなケースの解決方法を知らなかったとしても、地元の消防団に加入していて、後者の問題のような火災現場に遭遇し、その解決方法を実際に体験していたならどうでしょうか。未知の患者のケースであったとしても、過去の経験・記憶から、その解決方法を思いつくことができるのではないでしょうか。

アナロジーは私たちの日常、ビジネス、医療など様々な世界でその力を発揮しています。ビジネスの世界では、回転ずしを日本で初めて事業化した元禄寿司は、ビール工場のベルトコンベヤーから着想したとか、運動靴や財布で馴染みのふかいマジックテープは、スイス人の発明家ジョルジュ・デ・メストラルがくっつきむし（オナモミ）のかぎ針にヒントを得たといった事例があります。

地球規模では、１９７０年代、天然痘を根絶するキャンペーンを成功させたビル・フォージもアナロジーの力を活かしています。当時の常識では、天然痘が見られる国とそこで暮らすすべての人々（59カ国、11億人）に、予防接種を施さなければならないと考えられていました。しかし、それには各国の隅々、奥地にまで入り込んで感染の恐れのある人々を探し出さなければなりません。それでは感染の速度に予防接種が間に合わない可能性があり、長く滞在することになればそれだけコストがかさみます。

さらに、当時、フォージが派遣されたナイジェリアでは、10万人の住民に対して、数千人分のワクチンしか用意されていませんでした。そこでフォージは打開策として、天然痘がどんな状況下で感染しやすく、どのように伝わっているのか？　という問いを立て、実際に感染が生じている場所に住む人々に焦点を絞って予防接種を行うことにしました。

この方法によって、予防接種の「輪」をつくり、この輪を越えて天然痘が拡大しないようにしたのですが、この方法は、フォージが米国農務省林野部の消防士として働いていた若い頃に学んだ「森林火災の延焼を防ぐために、火の進路に存在する材料を取り除く」という方法の応用だったのです。

言葉にすればさもありなん、という感想を持つかも知れませんが、森林火災の延焼防止方法と、天然痘の感染拡大防止方法とをすぐさま結び付けることはなかなかできません。異なる出来事やものごとを結び付けるアナロジーの力を養うには、多様な仮想演習の経験と、その経験から個別具体的な情報を捨て、抽象的なレベルに引き上げて考える方法を実践することが有効です。

アナロジーの有用性を第四章で取り上げた架空のプロジェクト（メディア企業が新規事

業として開発したＣＭＳのマーケティング）を題材に解説しましょう。

例えば、このＣＭＳがオーガニック化粧品メーカーに売れたとしましょう。プロジェクトマネージャのあなたは、この実績を以て、同じ業界に営業をかけようとします。これはごく当たり前の戦略で、誰もが採用したくなる打ち手です。

ただここでアナロジー力を発揮するならば、同じ業界に対して営業をかけるだけでなく、導入してくれたオーガニック化粧品メーカーのコンテンツ制作に割けるリソース（人員や予算）、担当者のリテラシー、制作するコンテンツの種類や頻度などを材料に、「〝かっことじ〟の問題」をつくってみるのです。

自分が直接体験したケースを書き出し、具体的な名称や数字を消して、かっこ（　）状にしておく。そして、その（　）に当てはまるキーワードを入れていくことで、業界を超えて共通する課題を持つ企業の種類・傾向が見えてきます。そうすることで、「同じ業界で売れている」ということ以外の新しい中間目的を設定し、より効果的な施策を考えつくことができるかもしれません。（この考え方は、体験的な知識をその個別的な状況から引き剥がして、普遍的な状況の下で使うことができる体験的な知恵に変えるという、「脱学習（アンラーニング）」と共通するものです）

プ譜を使用する場合は、製品・人材・業界といった廟算八要素を記載しているので、それをもとに仮想演習の対象と自身のプロジェクトとのあいだに類似点を見つけ、理解し、新しいアイデアを発想しやすくなっているのです。

## アフォーダンス（対象から与えられている行動の可能性に気づく能力）

プ譜ではシート状に記述した勝利条件、中間目的、施策と、施策の実行の結果の事象を一つの状況・環境としてとらえます。

スタート時点では演繹的に集められた情報やデータと廟算八要素の関係をもとに、中間目的や施策を策定していきますが、プロジェクトの進行に伴って、遭遇した事象から施策の継続・中止・修正を検討・判断し、中間目的や勝利条件の変更を行っていきます。

ここで大事なポイントが二つあります。一つは、自分が打った手によって、状況・環境・文脈は変化をするのですが、それは想定内の結果になることもあれば想定外の結果になることもあるということ。もう一つは、これらの変化は常に自分自身が働きかけて起こるのではなく、状況や環境の側でも変化しているということです。

ここまで、プ譜を用いたプロジェクトの進め方として、事象から得た情報を入力し、未知な情報を明らかにし（既知に塗り替え）、膠着した状況であればその状況を変化させていくという、どちらかというと積極的な、自身が主導権を握るような進め方について字数を割いてきました。

しかし、ここで紹介するアフォーダンスは、自分たちが状況・環境に対して立ち向かっていくという考え方ではなく、状況・環境と相互作用して協調していくという考え方をとります。常にマネージし、コントロールしきることのできないプロジェクトにおいて、意思や気合で事前の予測との誤差や想定外をつぶしていくのではなく、より「ひらかれた」状態に自らを置くことは、プロジェクトを乗り切る中でも有効です。まずは、アフォーダンスについてその概要を紹介しましょう。

アフォーダンスとは、アメリカの心理学者ジェームズ・ギブソンが提唱した、環境が生き物に与える「行為の機会」、行為者とモノとの「関係性」を示すために造った概念で、「環境の側にある、生き物の活動を誘発したり方向付けたりする性質」とも言えます。

例えば、今あなたが座っている椅子には、「座ることができる」という行為を誘発する機会・関係性が存在します。アフォーダンスの語源となったafford（アフォード）には、「提供する」という意味があり、椅子はあなたに「座ることができる」意味を提供している、と考えることができます。椅子なのだから座れるのは当たり前、と考えると思いますが、それが明らかに椅子の形をしていなくても、登山の途中に腰をおろすのにちょうどいい高さの平らな切り株があれば、それはあなたに座るという機会・意味・関係性を提供しています。そしてまた、あなたがちょうどお腹が空いていて、そろそろお弁当を食べようかという気持ちになっていた時、この切り株は「弁当を置く」という意味をアフォードします。

これはどういうことかと言うと、ギブソンは、知識や何事かを意味づけたり決定したりする行為は、頭の中でだけ行うのではなく、「環境」自体のなかにも存在している、という考え方を提案したということです。この概念がプロジェクトにも活用できると筆者は考えます。

本書でこれまで再三述べているように、プロジェクトには想定外や意外がつきものです。プ譜ではこれらは事象として記述されます。想定外は言葉通り、プロジェクトの主体者であるあなた（プロジェクトマネージャ）にとって意外な、イレギュラーな、望ましくない事象かもしれません。

しかしこれを市場や環境からアフォードされた「行為の意味・機会」と、とらえてみるとどうでしょうか？

例えば、第四章の仮想演習の題材となったプロジェクトの第四局面で、「コンテンツマーケティング以外のニーズを発見」という事象の記述があります。これは見込客へのヒアリングを想定して書いてみたものですが、もしこれをヒアリングではなく、あなたがプロジェクトマネージャとして見込客の企業を訪問した際、偶然廊下で訪問先企業の女性社員二名とすれ違った際、二人が話していた、

Ａ子「来月の社内報、もうつくった〜？」
Ｂ子「ううん、まだ。ワードでつくるの、ほんと面倒よね〜」

という会話を耳にし、この会話をプ譜の事象欄に「……といったことを話していた」と記述するとします。

後日あなたはこの記述だけを見て何かを思いつくことはないかも知れませんが、アフォードされたものとしてとらえることで、直接そのニーズを見込客からヒアリングしていなくとも、自社のＣＭＳがコンテンツマーケティングの用途以外にも使えるかもしれないという意味・機会に気づくことができるかも知れません。

ここでお伝えしたいのは、プロジェクトマネージャとしてプロジェクトを進めていかなければいけないあなたは、未知を既知に塗り替え、状況を進展させていきたいという意識を強く抱いているはずです。その意識を抱きながら、プ譜に記述された事象のうち、「しかるべき情報や状態」が含まれているものが、自分にとって意味のある情報として見えてくるようになる、ということです。この「自分にとって意味のある情報として見えてくる」ようになるには、その事象が持っているアフォーダンスと、あなたの側の意識・身構えの両方がそろって初めて実現するということです。

プロジェクトは未知の要素が多く、自身が意図しようがしまいが、その状況は見えないところで変化しています。極論すれば、変化する状況の中で、それに適応しながら柔軟に行為を調整しなければならないのがプロジェクトなのだとすれば、事前のプランはすぐに役立たなくなってしまいます。

こうした状況下でプロジェクトを進めていくためには、「頭の中のプランが実行されることで行為が生じる」のではなく、「行為が環境の中で探される」という考え方や、「環境から提供される事象のアフォーダンスを利用して、自らの行動を調整・適応させていくという考え方が有効なのです。

## アブダクション（仮説を立てて推論する能力）

アブダクションは、論理学者であり記号学の確立者、「プラグマティズム」の提唱者としても知られる、チャールズ・パースが提唱した推論の方法です。

推論とは、与えられたものから与えられていないものに向かって進んでいく思考のプロセスであり、これもまた極めてプロジェクト的です。推論には大きく二つのタイプがあり、分析的推論と拡張的推論があります。分析的推論に該当するのが「演繹」で、拡張的推論に該当するのが「帰納」と「アブダクション」です。その違いは大まかに左記のようになります。

**演繹**

- 前提として与えられた情報に、妥当な推論規則を適用して行うタイプの推論。
- 観察した（与えられた）事実を説明するための論理を形成する。
- 論証的。

**アブダクション**

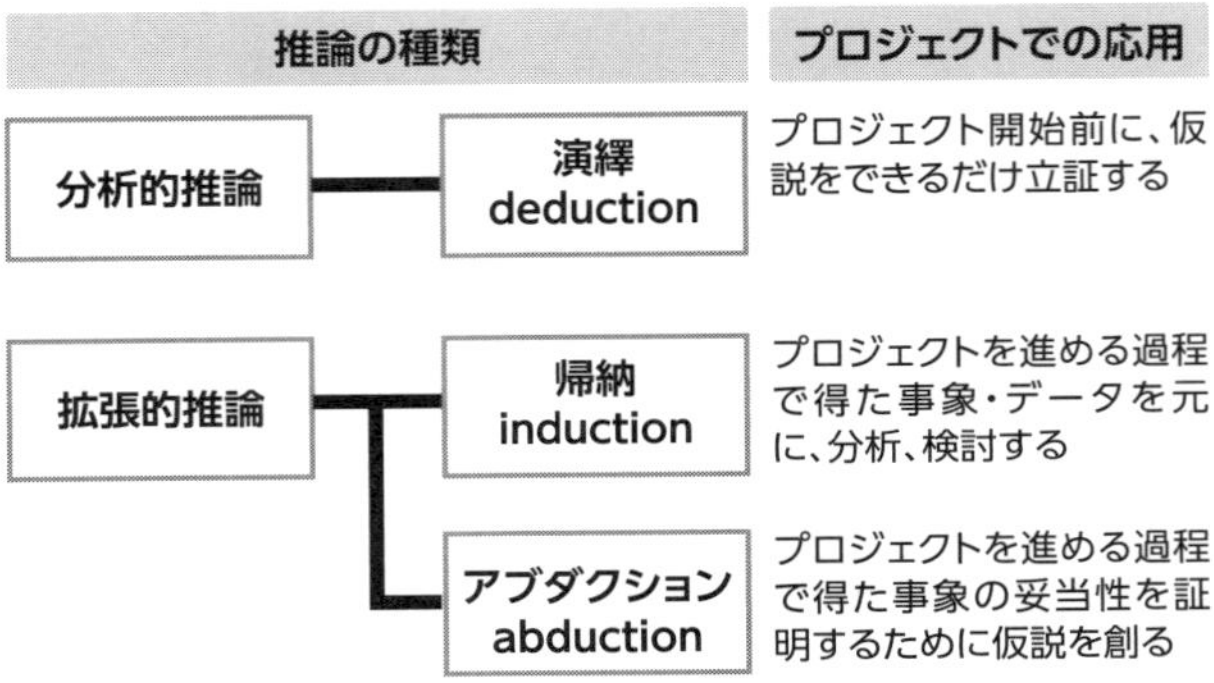


出典:米盛裕二『アブダクション』をもとに筆者作成

**帰納**

- 経験から固有の情報を捨象し、一般化、抽象化を行うタイプの推論。
- 観察、体験した事実に基づいて論理を形成する。
- 検証的。

**アブダクション**

- 現象の観察から、その事実を説明づけるような仮説を導き出すタイプの推論。
- 観察、体験した意外な事実の妥当性を証明するための論理を形成する。
- 創発的、発見的。

この三つの推論をプロジェクトに当てはめると、このように活用できます。ここでも第四章で取り上げたCMSサービスを例にとりましょう。ここでは、あなたはまだこのプロジェクトに参加しておらず、親会社の経営戦略室のスタッフや新規事業コンサルタントが、演繹的に事業を企画したとします。

前提１「アメリカで流行したマーケティング手法は、日本でタイムマシン経営でやれば流行する」
前提２「アメリカでコンテンツマーケティングが流行っている」
結　論「よってコンテンツマーケティングが流行る」

――なのでわが社はコンテンツマーケティングの制作代行ビジネスをやりましょう、というふうに推論しました。ここではまだ自社のコンテンツ制作チームによる人的な「制作代行ビジネス」だったというわけですね。

演繹的につくったプ譜は、実際にプロジェクトを進める中で打った施策の事象から、帰納的にこのようなプロセスを経るでしょう。

事実A「X社に提案したら、制作代行させるほどのコストが負担できないと言っている」
事実B「Y社に提案したら、制作代行させるほどのコストが負担できないと言っている」
結　論「わが社のコンテンツ制作代行ビジネスは需要がない」

ここで、需要がないのでプロジェクトを止めるという判断をするのも一手ですが、後にあなたのボスとなる人は、ある日グーグル検索をしていたら、たまたまとある企業のホームページが検索結果の最上位に表示されました。そして、関連して知りたかった多くの情報もすべてそのサイト上で網羅され、豊富なコンテンツが掲載され、思わず関連する製品を購入してしまいました。しかもコンテンツの掲載日時を見ると、わずかな期間内でアップされ、現在も頻度高く更新されていました。そこであなたのボスはこのように推論します。

事実Ａ「調べたい情報が企業のホームページに大量、頻度高く制作されている」
仮　説「企業内担当者が自らコンテンツを内製したに違いない」

この仮説に基づいて、あなたのボスは「企業内担当者が自らコンテンツを内製するのは大変だ。だから、簡単に質の高いコンテンツを制作できるＣＭＳを提供しよう！」と、これまでの人的な受託式のコンテンツ制作代行事業から、サブスクリプション型のＣＭＳ事業にピボットをしたのです（……という秘話があったということにしておいて下さい）。

アブダクションはこのように、事実によって直接的に、その正しさを確かめることのできないような仮説を立案できる推論の方法です。この推論の方法はプロジェクトの進行中にも役立ちます。

特に、想定外や意外な事象に遭遇した時、それを捨ておかず、「ある仮説を立てると、この事実はうまく説明できる」として、妥当と思える仮説を立てることで、その事象を活かした、当初の想定を超える効果をもたらしたり、プロジェクトの膠着状況を打破するような施策を考えたりすることができます。

帰納法は時間とリソースに余裕があれば納得のいくまでデータを蓄積していくことができますが、ほとんどのプロジェクトにはそのような余裕がありません。また演繹法は前提とする情報が間違っていたらおしまいです。

アブダクションをうまく活用できるかどうかは、遭遇した想定外の事象を、取るに足らないものとしてではなく、驚くべき事実と見なすことができるかどうかということと、そこからいかに想像力を発揮して仮説を立てることができるかにかかっています。

パースが言うように、「人は諸現象を愚かにじろじろみつめることもできる。しかし想像力の働かないところでは、それらの現象は決して合理的な仕方でたがいに関連づけられることはない」のです。

## 5-3

# プロジェクトをよりよく理解し、膠着状態を打破するもの

私たちはプロジェクトマネージャとしてプロジェクトに取り組む際、どのような立場、心理状態にいるでしょうか?

第四章の仮想演習のケースのように、新規事業のために外部から新たに採用される人。社内から抜擢されてその任に就く人。傭兵のように数々のプロジェクトを渡り歩いている人。またそのプロジェクトの内容自体も二代目社長の肝入り（という名の思いつきレベルという悲惨なケースもありますが…）であったり、社運を賭けて巨大な予算を突っ込むものであったり、若手のガス抜きのため、最近流行りのベンチャー企業とのオープンイノベーション企画のためであったりなど様々です。

本書を手に取って下さった方の中には、自ら起業してプロジェクトを回している方や、フリーランスのプロマネの方もいると思いますが、その多くはサラリーマンとしてプロジェクトに携わっている方だと思います。そのような方にとって、プロジェクトは往々に

して、「他者から与えられたもの」ではないでしょうか。そしてその時の心理状態は、自ら企画立案したものでなければ、「受け身」な状態でしょう。

そこで本項では、プロジェクトを「与えられたもの」として取り組むよりも、「自分のもの」として取り組んだ方が成功の可能性が高くなるということを紹介していきます。

## 問題を「与えられたもの」から「自分のもの」にする

第六章で、プ譜を使用した感想戦を紹介しているのですが、題材の一つとして選んだ『シン・ゴジラ』に登場する総理大臣は、「傍観者」として、問題を自らのものとせず、「与えられた」ままにしていた心理状態がありありと表れています。

プロジェクトを与えられたものから自分のものにする。言葉にすると何やら精神主義のような匂いを感じる方がいるかも知れません。「スケジュールが厳しければみんなで徹夜。メンバーが受けきれないタスクはいざとなれば自分が手を動かせばいい。なんとなったら気合と根性でのりきれ！」かくしてプロジェクトはダークサイドに落ち、炎上していくわけですが、プロジェクトをこのような事態に陥らせぬようにする根本的な要素が、プロジェクトを「自分のものにする」ことであると筆者は考えます（コミュニケーション論やリーダーシップ論など、よりテクニカルなノウハウもありますが、それは他の良書に役割を譲り、ここでは論じません）。

精神主義的ではない、プロジェクトを「自分のものにする」とはどういうことか。ここでまた認知心理学の研究をアナロジーとして、説明を試みましょう。

日本の認知心理学者の佐伯胖は、その著書『「わかる」ということの意味』で、日米の大学生にいくつかの数学の文章問題を出し、その回答に至った思考のプロセスを問題を解いた大学生たちにヒアリングした結果から、中高生の頃に学んだ「公式」や「解き方」を知っているだけで問題の応用ができない「わかっていない人」と、それらを応用して問題を解いた「わかっている人」について、左記のような比較を行いました。

**「わかっている人」**

- 与えられた問題の中のいくつかの項目を、自分で動かしてみている。
- 問題の中で与えられた事態を、問題の制約の範囲内で変化させてみている。
- 当面の事態の中で、自分なりに新しい探求目標を設定してみて、それを達成するためにはどうしたらよいかと考えている。

● 与えられた課題を与えられたものとみなさず、自分自身で「わかるべきこと」を設定し直すことができる。

**「わかっていない人」**

● 与えられた課題の中では何もかも与えられているとしている。
● 与えられた問題は何も変えてはならず、問題として直接求められていること以外は何も求めてはいけないと思い込んでしまう。
● したがって、答えを出すというのは、そういう世界の中での「正しい求め方」というものに正しくしたがって出すということ以外にありえないと思っている。

この「わかっている人」と「わかっていない人」の比較は、日露戦争前後の日本軍の教育内容を思い起こさせます。

欧米の軍事制度や技術を採り入れ、日本の実情に合うように応用することに重点を置いていた日露戦争以前と、勝利に慢心し、自分たちの方法こそ最善のものであるという考えに囚われ始め、「典範令」というマニュアルの丸暗記を課されるようになった日露戦争以降では、軍事を教授する内容と学生の態度がまったく異なるものになります。

戦史を経営学の視点から分析した『失敗の本質』では、日露戦争以降では、「与えられた目的を最も有効に遂行しうる方法を、いかにして既存の手段群から選択するか」という点に教育の重点が置かれるようになり、学生にとって、「問題はたえず、教科書や教官から与えられるもの」であって、目的や目標自体を創造したり、変革することはほとんど求められなくなったといいます。プロジェクトを進めるにあたって、ベストプラクティスや完璧なマニュアルを探し求める方は少なくないと思いますが、マニュアルや事例への傾倒は、「なぜだろう?」という発想を、「どれだろう?」という考え方に変えてしまいます。

このようにして見ると、「わかっている人」とは、プロジェクトを「自分のもの」とすることができている人、とみなすことができます。それはすなわち、予め与えられたプロジェクトの中間目的や施策、それらを統合した戦略などを、制約の範囲内で（時には勝利条件すらも）変化させることができる人です。それがプロジェクトを「自分のもの」とするということなのです。

では、どのように変化させるのか？　次項からは、その方法について、再びプ譜の使用を念頭に置きながら説明していきます。

## 問題の性質、文脈を変える

プロジェクトを「与えられたもの」から「自分のもの」にするために、プロジェクト（の施策、中間目的など）を変化させていくための方法はいくつかあります。

### 「性質」を変える

認知心理学には「epistemic action」（より人間が問題を解きやすいように問題の性質を変化させる行為）という概念があります。この概念の説明には、みなさんに馴染みが深いであろう「テトリス」の研究が有名です。

テトリスで遊んだ方には経験があるかもしれませんが、テトリスの上級者は、落ちてくるブロックのスピードが速くなってくると、必要な回数よりも余分に回転させる傾向があります。落ちてくるスピードが遅ければ頭の中で回転させ、どの向き（形）であれば積み上げられたブロックにハマるかということを考えることができますが、スピードが速くなるにつれて、この方法は使えなくなってしまいます。

頭の中で考えるスピードが1.0秒なのに対し、実際に手で動かすスピードは0.1秒と大きく異なるため、明らかに認知的な負荷が違うのです。頭の中だけで考えることと、手を「動か」して考えることは、「メンタルローテーション課題（心的回転）」を、パターンマッチング課題に、課題の性質を変化させている、という所にポイントがあります。

例えば、「3×7」というかけ算の問題も、九九を暗記している子どもでなければ、馴染み深い問題ではなく、理解しがたい問題です。

アメリカの数学教育研究者マグダレン・ランパートは、こうした問題に対し、「かけ算をお話と図にする」というアプローチを行っています。生徒は3×7を思い思いのお話にします。「先月は3回ピアノの発表会があって、それぞれの会に7人の生徒が集まりました」というお話ができると、それを表す簡単な図にします。この実践は、一桁のかけ算を、（効率的に計算するという意味では有用な）暗記問題から、「お話と図」で表す問題に変えることで、生徒たちがイキイキと問題に取り組み、その意味性を理解できるようになるという報告なのですが、この事例もまた問題の性質を変えることの有効性を示すものです。

これらの例は、頭の中で考えていたプロジェクトの進行状況や諸要素の関係を、プ譜で外在化して考えることそのものでもあります。複数人で行う感想戦もまた、一人では使うことのない「耳」や「口」という感覚器官（認知リソース）を使用してプロジェクトについて議論・検討をする、性質の異なる問題解決の方法です。

もう一つ、問題の性質を変えたことで世界にインパクトを与えた事例を紹介しましょう。国際エイズワクチン推進構想（ＩＡＶＩ）は、ＨＩＶの新たな解決策を探す目的で設立された機関です。ＩＡＶＩは、当初ＨＩＶウイルスの有効な予防接種の発見を目指して、専門家が集う科学コミュニティにアイデアの応募を呼びかけました。しかし、この試みは専門家たちが「ＨＩＶの解決策はワクチンのはず」という固定観念・偏見にとらわれた結果、ワクチン開発以外の解決策にしか取り組まなかったことから失敗に終わります。

この状況に対し、イノベーションコンサルタントのアンディ・ジンガは、問題の性質をワクチン開発という手段から、「タンパク質の安定化」という問題そのものに変えることを提案しました。結果として14カ国の有能な科学者から以前よりもはるかに革新的な発想で、34件の提案書がＩＡＶＩに寄せられ、うち3件に研究助成金が与えられました。

第四章で取り上げた架空のプロジェクトでいえば、「新規事業として初年度の売上５０００万円」だった勝利条件を、「企業文化・社内意識を変革する」という別種の問題にその性質を変えたなら、そこで採る中間目的や施策は大きく変わるのはもちろん、プロジェクトマネージャとしてのあなたの内にあって、使われる経験や知識も変わってくるのです。

## 「文脈」を変える

勝利条件を変更するほどドラスティックにではなく、プロジェクトを進めたり膠着状態を打破したりしたい場合、問題の文脈や表現を変えるという方法があります。

まず問題の文脈を変えることの有用性を、ドイツの心理学者でゲシュタルト心理学の創始者の一人でもあるヴォルフガング・ケーラーの、チンパンジーの観察と実験から説明しましょう。

チンパンジーがいる部屋の中で、天井からバナナが吊り下げられており、部屋にはテーブルと箱が置いてあります。バナナを取るためには、登る台としてテーブルを使ったり、箱の板を取りはずして棒として使ったりするといった方法が考えられます。

しかし、このような状況で、テーブルを部屋の隅にぴったりとくっつけておくと、それが動かせるものだということを知っていても、チンパンジーは素通りしてしまいます。また、箱の板が目立つ隙間のない一枚の面をなしていると、たやすくそこに「棒になる可能性のあるもの」を見いださないと言います。

## 問題の文脈を変える

プロジェクトの過程で得た

$$\frac{\text{図}}{\text{地}} = \frac{\text{事象、データ}}{\text{文脈、状況、目的}}$$

この実験が示唆するのは、問題を解決するためには、単に情報や知識を手に入れることだけでは不十分で、手にしたそれらのものを、問題を解決できるよう、置かれた状況・文脈に合わせて「編集」する必要があるということです。

この考え方はゲシュタルト心理学の「地と図」の概念でさらに説明できます。地が分母で、図が分子の関係になっており、地がプロジェクトの状況や文脈とすると、図がプロジェクトの中で遭遇した事象や手にしたデータにあたります。

スイスの心理学者、ジャン・ピアジェによれば、私たちが何かを認知して動作を起こすとき、動作自体を目的にして行為を行っているのではなく、目的を持って行っているといいます。先のチンパンジーの実験を例に取れば、同じテーブルを動かす動作でも、食事をするために動かす、登るために動かす、模様替えのために動かすなど、目的によって動かし方が変わります。そうすると、丸いか四角いかという形、高さ、材質など、着目するテーブルの特徴も変わってきます。「わかっている人」でも触れましたが、こうして対象を目的に応じて動かせるようになることが、プロジェクトを進めていく上では不可欠です。

この「動かす」ということを地と図の概念に持ち込むと、図となるものを、どのような地に置くか（つまり、地をどう動かすか）で図の姿や意味が大きく変わってきます。第四章のプロジェクトでいえば、どんなユーザーをターゲット（地）に置くかで、その機能の意味が変わります。コンテンツ制作をテンプレート化することで簡単に使える機能は、コンテンツ制作経験の浅いユーザーにとっては便利かもしれませんが、スキルの高いユーザーにとっては「自由度が制限される」と歓迎されないかも知れません。

ターゲットユーザーという地が変われば、採るべき施策の内容も当然変わります。もちろん中間目的の内容も変わります。コンテンツマーケティングを行ったことがなく、社内の様々な暗黙知を収集することから始めないといけない場合、「組織横断的なプロジェクトチームをつくる」という中間目的が設定された可能性もあります。

これは、地を目標とし、図を手段ととらえると、勝利条件が地にあるときは中間目的が図。中間目的が地にあるときは施策が図になるという、常に目標と手段が入れ子構造になるとも理解することができます。プ譜は、こうした構造を再帰的に繰り返し記述していく行為でもあります。

## 問題の表現を変える

「地によって図が変わる」という考え方をさらに一歩進めて、プ譜で活用するための方法が、「問題の表現を変える」ことです。第四章で、私たちの知覚と判断がバイアスの影響を強く受けていることについては既に述べました。とはいえ、このバイアスの影響を極力受けないよう努めることは難しいため、ここではプ譜を使用するにあたって、事象の内容のとらえ方と中間目的や勝利条件の設定・変更を検討する際に参照できるリストを提示します。

☑定量的な表現は、定性的な表現に変える
☑定性的な表現は、勝利条件を達成した時のユーザーや社会の「状態」を書くプロジェクトマネジメントを行う上で、実施した施策に応じて、例えば「ユーザー獲得100社（或いは全体目標社数に対して20％）といった数値目標を掲げる方は多いでしょう。これは施策の費用対効果を測る上ではごく当然のやり方です。

しかし、本書で再三述べた通り、一つのやり方（見方）に固執することは失敗の原因になり得、目標達成には他にもあり得るルート・方法に気づくことができなくなります。もし、第四章のプロジェクトで、勝利条件である「売上5000万円」を果たすための中間目的が定量的な数値目標を中心に設定されていたとすると、「SEO施策を行って20％のユーザーを獲得しよう。展示会に出展して30％。セミナーで20％……」と、漏れなくダブりなく施策を出していくと思われます。しかし、この「切り分け」ていく方法では、細分化していくがゆえにその初期段階では施策を思いつきやすいですが、プロジェクトが想定外の事態に陥ったり膠着状態になったりした場合、打つ手の可能性を狭めます。

そこで有効なのが「定量的な表現を、定性的な表現に変える」ことです。「売上5000万円」を達成しているとき、ユーザーや社会はどのような「状態」になっているのか？　ということから考えてみます。そうすると、

「コンテンツ制作経験がない人でも、ビジネスユースの記事コンテンツを一人で制作できるようになる」

「一度導入してくれたユーザーが、継続的にコンテンツをつくり続けている」
「100種類あるテンプレートのうち、ユーザー自身が自分で使うべきものを取捨選択できる」
「ユーザーが社内の暗黙知を収集し、コンテンツ化できるようになる」

といった状態を考えることができるでしょう。これを中間目的に設定するのです。

こうして設定した中間目的は定量的な表現よりも抽象化されている分、考えつく施策の種類や幅が広がっているはずです。

もっとも、抽象化した表現には弊害もあります。例えば、異なる2社の火災保険のパンフレットに、それぞれ左記のコピーが書かれていたとします。

「火災に限り完全に補償します」
「財産の大きな損失を防ぎます」

この場合、前者の方が抽象的な後者に比べて加入率が高いという実践報告があります。これは、言葉遣いが人間の行動に影響を与える例であり、中間目的はもちろん、事象の書き方にも適用できる例です。抽象化して広げはするものの、あまりあいまいにはせず、設定した施策を実行するにあたっては、定量的に効果測定をすることで、その施策が妥当であったかを評価せねばなりません。この、いわば「広げて狭める」というような、定性と定量の表現と評価の往還が、プロジェクトを進める上では重要になります。

☑中間目的を「質問」にしてみる
☑閉じた質問は、開いた質問に変える

これは前述した「定量↓定性」の言い換えに似た方法で、特に中間目的に活用することができます。

「定量↓定性」と同じく第四章のプロジェクトを例にとると、「１００種類のテンプレートができあがっている」という表現を、まず「質問」形式にします。このとき、最も簡単な質問文はこうなるでしょう。

「テンプレートが１００種類できあがっている？」

このように「はい」か「いいえ」ないし、一つの言葉で答えられるような質問を「閉じた質問」と言います。でもこれでは本質的な表現の言い換えになっていません。閉じた質問は開いた質問に言い換えるのです。

「なぜ100本のテンプレートをつくるのですか?」
「100本のテンプレートはどんな種類が必要ですか?」
「100本のテンプレートはいつまでに、どうやって制作しますか?」
というように、「なぜ」や「どのように」を含んだ質問は開いた質問です。「だれ」「どこ」「いつ」を含んだ質問は両方の場合があります。逆に言うと、5W1Hを含んでいないのが閉じた質問です。

他にも、「サービスのメインターゲットを決める」という中間目的があった場合、閉じた質問だと、「ターゲットユーザーはだれですか?」になりますが、「どんなユーザーがターゲットに最も相応しいですか?」と質問を変えることで、ターゲットの姿が多様に広がり、それに伴って考え得る施策の幅も増えます。

いわば、質問のつくり方と言い回し(表現法、言葉づかい)が受け取りたいと思う情報の質を決定づけるのです。

質問を開いたものに変える一方で、「定量→定性」の言い換えでも述べたように、開いた質問は閉じた質問に言い換えて、内容を明確にするという、「閉じ→開き」の往還、バランスをとることが必要になってきます。これらの言い換えを行い、自分自身のプロジェクトにしっくりくる表現を見つけて下さい。

## ☑遡る（さかのぼる）

「定量→定性」「閉じた→開く」という方法に続くのが、「遡る」ことによって表現を変える方法です。ここでは司馬遼太郎のベストセラー『坂の上の雲』のハイライトの一つ、旅順要塞攻略戦から例を挙げましょう（これはあくまで『坂の上の雲』からの引用であって、史実とは異なる内容がありますので、その点はご了承下さい）。

概要をかいつまむと、旅順要塞攻略戦は下記のような背景を持っています。

- ロシア帝国海軍は、極東の旅順艦隊と本国のバルチック艦隊の2セットからなっていた。
- 1セットの艦隊しか持たない日本海軍の作戦方針は、バルチック艦隊の合流以前に旅順艦隊の撃滅。
- しかし、旅順艦隊は旅順港内にこもり撃滅が困難。
- そこで、日本海軍から陸軍に旅順港の攻撃を要請。

ここまでの状況をプ譜にするならば、日本海軍の勝利条件は「旅順港からの旅順艦隊の追い出し」になります。この勝利条件を日本陸軍に伝達した後、日本陸軍は旅順港を囲む旅順要塞への攻撃を開始しました。しかし、要塞攻略戦はロシア帝国陸軍によって堅固な堡塁が築かれ、機関銃などの配備によって甚大な被害を受けます。

物語の詳細は省きますが、本項でのポイントは、海軍にとって「旅順港からの旅順艦隊の追い出し」に必要な中間目的には、そこから見下ろせば旅順港が丸見えとなり、容易に砲撃が可能になる「２０３高地の占領」があったのですが、陸軍のそれは「旅順要塞自体の攻略」であったということです。

海軍にとれば、「旅順要塞自体の攻略」は中間目的にすぎず、またそれは絶対に果たさねばならないものではありませんでした。つまり、旅順要塞攻略は「必要条件」にすぎず、絶対に果たさねばならない「十分条件」ではなかったのです。しかし陸軍は旅順要塞攻略を十分条件としてとらえた結果、戦史に残るおびただしい戦死者を出すことになりました。あくまで物語上の話ですが、これをプ譜の考え方でとらえるならば、被害が甚大な時にその中間目的に固執するのではなく、そもそもの勝利条件に「遡って」いれば、その中間目的は十分条件ではないということに気づくことができます。

この意味で、「遡る」方法は表現を変える、というより、原点に立ち返って考える、とも言えます。「そもそも論」はプロジェクトの世界では、実情をよくわかっていない上級職の方がフラリとやって来て、ちゃぶ台返しをするような際に、ネガティブな意味で使われることが多いですが、施策を徹底的にやり通し、やり方を工夫し尽くしてなお結果が出なければ試すべき方法です（なお、必要条件か十分条件かを検討するのは、第一章で紹介した「要望と要求」の整理や、第四章で述べた施策の選び方においても重要な考え方です）。

## 5-4

# 態度、心構え

最後に、プ譜をうまく使っていく上での心構えについて書きたいと思います。

私たちは、プロジェクトは平坦で直線的で合理的であるべき・そうありたいと願わずにはいられませんが、プロジェクトは平坦ではなく、単線的に、最短距離で、障害にも想定外にも遭わずに進むということはほとんどありません。

プロジェクトマネージャであるあなたは、まずその事実を受け入れ、それをプロジェクトメンバーやステークホルダーと共有していけばよいのです。そのための最適なツールの一つがプ譜であるということが本書の主張ではありますが、プ譜を使ったとしても想定外に出会わず、打つ手を誤らないということはありません。もし仮に打った施策が思ったような効果を発揮しなかったとしても、くよくよする必要はありません。

## マイクロスリップ

生態心理学には「マイクロスリップ」という概念があります。これは、ある対象に手を伸ばしたり、何かを手に持ったりするような操作が、その進行中に別の操作にすりかわってしまうような、いわば「行為のズレ」のことを指します。この概念を提唱したアメリカの生態心理学者、エドワード・リードには、マイクロスリップ研究のための「コーヒーを入れる実験」があります。実験はこのような概要です。

- 課題は、砂糖とミルク入りのコーヒーと、砂糖入りのコーヒーをつくること。
- コーヒーをいれるための材料が過剰にある複雑条件と、必要十分な素材だけを用意した単純条件の２種類がある。
- 単純条件と複雑条件では、複雑条件の方がマイクロスリップの起こる回数が多かった。
- マイクロスリップの発生の程度は、環境の多様さの程度と関係している。
- 環境の多様さは、この実験でいえば、その場で行うことができる作業の多様さ。

この実験が示唆するのは、プロジェクトの序盤においては、各種のリソースに余裕があり、打てる手（考えつく施策）が多いですが、そうした打ち手の多様さは必ずしも成功を約束するものではなく、むしろうまくいかない可能性が高くなる、ということです。しかし、これを「失敗」と捉える必要はありません。これは「失敗」や「間違い」ではなく、「失敗する」以前の出来事であり、表現を変えれば、「正解を探す行為」なのです。

もちろん、プロジェクトには無限の試行錯誤というのはあり得ません。なるだけ早い段階で最適な解を出さなければなりませんが、選択肢の多さはそれだけ間違える可能性が高いと割り切っているくらいでＯＫです。

**方法がすべて**

それでも責任感が強すぎたり、まじめが過ぎる方は「そうは言っても」という気持ちになるかも知れません。プ譜を使ってプロジェクトを振り返る時、「なんでこの手を打ってしまったのか……」と後悔したり、自分の間違った判断を責めたり、メンバーの能力の低さを嘆いたりするでしょう。ひどい人だとその人の性格に原因を求めようとします。しかし、うまくいかないのは本人の能力の低さ、ましてや性格・人格などではなく、単に採用した施策・方法がうまくいかなかっただけと考えればよいのです。方法がうまくいかなかったから別の方法を試す。このくらいの切り替えの気持ちで臨みましょう。

プ譜での振り返りに反省は要りません。プ譜で行うべきは、方法の省察です。それを今

Tパズル

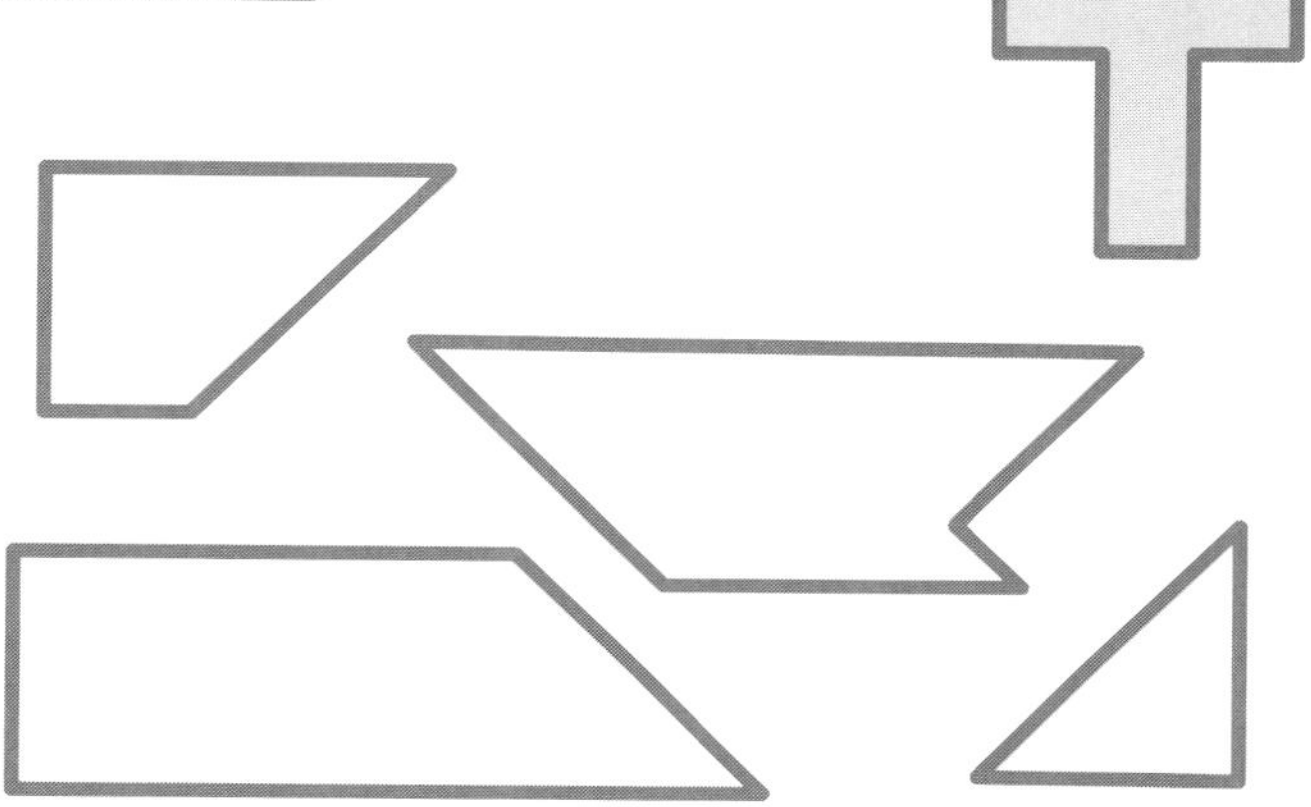

現在の自分のため、かつ、未来の自分のために記述していくのです。

## 心理的制約を超えてゆけ

プロジェクトの中間目的の設定や、施策を取捨選択して実行するといった、自分の判断に自信を持てない、という方は少なくないでしょう。しかし、意外にも最初の段階で思いついた手がいい線をいっている、ということがあります。

認知科学者の鈴木宏昭に「Tパズルの実験」があります。図のパズルの形を見て、経験したことがあるという方もいらっしゃると思いますが、初めて体験する人にとって、このパズルの難易度は非常に高いものになっています。研究によれば20分以内で解ける人はほとんどいないと言います。このパズルを解く傾向として着目したいのが、被験者はパズルのピースを安定した形に置きたがり、くっつける場合にはくっつけた後にできる形がきれいになるようにするのだと言います。鈴木はこれを「制約」とみなしています。

さらに面白いのは、ほとんどの人はかなり初期からよい置き方、つまり制約を逸脱した置き方をしているのに、「この方法ではダメだ」と思い込んで、また正解から遠ざかる置き方へ逆戻りしてしまうそうです。

人間にはこうした心理的制約が強烈に働いています。それをあえて意識的に破りにいく。プ譜を書けるようになると、プロジェクトの見通しがきくようになってきます。そのため、あれもこれも試したいという、あの施策を早く行ったほうがよいのではないかという想いに駆られることがありますが、最初の打ち手を信じて、決めたコスト、時間内ではその手を我慢して打ち続けることも時に有効です。

ここまで、プ譜をさらにうまく使うための概念、思考方法を紹介してきました。従来のプロジェクトマネジメントはマネジメントの名の通り、できる限り想定外や不確実性を排除・縮小し、事前に完璧な計画を立て、状況をコントロールすることを目指してきました。銀行のオンラインシステムやエネルギーの制御装置など、間違いが許されないもの、予め要件定義されたものなどについてはそう進めるべきです。しかし、今日もどこかにあるプロジェクトには、そのように管理しきることのできるものは、そう多くないでしょう。

　プロジェクトは未知で、想定外が当たり前の、変数の多い、複雑なものです。そんなプロジェクトを進めていくためには、

- 事態、問題を与えられたものとせず、
- あれこれ動かしながら理解を進め、
- 遭遇した想定外であったり、取るに足らないと感じたりする事象を、機会や素材としてとらえ、
- 自分の問題解決に利用できるよう様々に解釈しながら、
- プロジェクトのゴールや所与の条件とツジツマが合うようにしていくしかないのではないか。

　筆者はこうした考え方及び行為を、「エディティング＝編集」と広義にとらえ、それをプロジェクトで活用することを「プロジェクト・エディティング」と呼んでいます。もし、今あなたがプロジェクトをマネージすることに行き詰まっているなら、ぜひエディットする方法を試してみて下さい。

そして次章からは、マネージャーやリーダーとして一人でプロジェクトを進めることに行き詰まりを感じている時、他者によってそれを打破していく「感想戦」について紹介していきます。

第6章

# プロジェクトの感想戦

「最悪なのはオレ達全員がやられて旅団が死ぬことだ」

冨樫義博『HUNTER×HUNTER』

## 6-1

# プロジェクトの感想戦

前章では、未知や想定外への対処が必要なプロジェクトにおいて、これに対応する手法であるプロジェクト譜の考え方、書き方について紹介をしました。プロジェクトとは姿形のないものであり、極めて高い曖昧さを有しています。これを適切な方法で記述することで、当事者の頭の中を整理することができ、さらにはそこにある課題を発見し、これを解決する手段を講じることが可能になります。

そのプロジェクトが、何を狙って組成され、何を意図して何が実行され、それがいかに局面に影響を与え、どのように終結したのか。前章までで紹介した通り、プロジェクト譜を書くことで、何が起きたかを整理整頓し、表現することが可能となります。そこで有効となる仮想演習の考え方や、編集的思考法についても触れました。

本章では、プロジェクト譜を用いた「感想戦」の方法を説明したいと思います。将棋のプロ棋士が、対局が終了したあとに、互いの手を振り返り、急所の局面での狙いを開示し、もしこの展開を選んでいたら、どうなっていたかを探り合う、その打合せを感想戦といいますが、これに習った考え方です。プロジェクトとは、将棋と同じく、局面における選択の連続です。自身の固定観念によって思い込んでいる手筋に、他者の視点を持ち込むことで、新たな気づきを得ることが可能です。

まずは、将棋における感想戦がどのようなものかについて説明をします。

将棋というゲームにおいて、プレイヤーは様々な階層、レベルにおける選択をしています。

- リスクをとってでも攻めるべきか、もう少し耐え忍ぶべきか
- 相手の陣にスキがあるのは、ミスなのかそれとも誘いか
- 秘密裏に開発していた新手を繰り出すか、温存すべきか
- 今ここで、残り時間を消費してひたすら読むか、時間温存してすぐに指すべきか

当然、具体的な手筋や陣形の評価、互いの手をシミュレーションするという具体的な「読み」にもリソースは消費しているわけですが、よりメタなレベルでの意思決定、戦略判断を行っているわけです。

同じゲームを同じぐらいに深く読んだ同士であるからこそ、そうではなかったかもしれない可能性について、最も的確に意見を交わすことが可能です。隣で見ている岡目八目プレイヤーも、時としてマグレでいい手を指摘することはあるかもしれませんが、良いプレイヤーはマグレ当たりはあてにしません。「ひとつの手を選択する」ということは、あらゆる可能性のなかからただ一つを選ぶということであり、その意思決定をより良いものにする材料とは、そうではなかったかもしれない可能性への想像力なのです。

私たちが取り組むプロジェクトも、同じことが言えます。誰とやるか、どの程度の成果を期待するか。どの程度のコストをかけるか、採用しうる施策のうち、どれを実際に実行するか。ありとあらゆる局面において、プロジェクトマネージャは意思決定をし続けます。これが通販サイトであれば、またはキャンペーンのランディングページであったとするならば、A／Bテストという強力な手法があります。AがいいかBがいいか、事前に頭のなかでシミュレーションしてもわからないのであれば、両方作ってみて、効果測定をするのが最も確実です。プロジェクトも、Ａ／Ｂテストが実行できればいいのですが、誠に残念ながら、それは不可能なことです。

当事者としてことにあたっている限り、絶対的に情報は不足するものです。事実確認が十分にできないまま、憶測や推測だけで意思決定をせざるを得ない場合もあります。また、自分に都合の悪い情報は見たくないという認知バイアスの問題もあります。その局面において、とりうる選択肢の幅が、自分ひとりの発想に閉じているのでは、そもそも抽き出しが少ないという問題もあります。自身が苦労をした問題でも、別のある人から見たら、容易に解決できる問題かもしれません。

プロ棋士の行う感想戦に倣って、プロジェクトにおいても感想戦を開催することは非常に有効な手法です。実際に、筆者らが開催したプロジェクト工学勉強会においては、ある企業の基幹システムリプレイスプロジェクトについて、現状をプ譜上で表現し、それを30名以上の他業種のプロジェクトマネージャが評価し、次の一手を示唆するという取り組みを行ったことがあります。新たな打ち手に対するヒントが得られることもあれば、そのプロジェクトの前提条件に無理があるので、そこをまず改善すべきではないか、といった、当事者の盲点をつく教訓も得られたりと、様々な成果がありました。

感想戦は、他の同業者と一緒にやることも有効ですが、異業種の人と意見を交わすことによって、より創造的な着眼点を得ることもできます。また、自身のなかで自問自答をすることも可能です。大切なのは、プロジェクトを正しい作法で振り返る、それによって今後に向けての教訓を得るということです。

# 6-2 感想戦の着眼点

「さぁ、このプロジェクト譜をもとに、感想戦をしてみましょう」と、いきなり言われても何をどのように考えて話をしたらよいのか、雲をつかむような感覚を持つかもしれません。しかし心配ご無用です。プロジェクトの振り返りにおいて考えるべきはたったひとつだけで大丈夫です。その中間目標を達成するために「あってしかるべきもの」があったのか。「あってはならないもの」はなかったか。これを反復練習して「思考の盲点」を探る力をつけることが、プロジェクトを前に進める力を養う素地になります。

「こうしようと思って行った施策が、逆効果をもたらす」という意味の「コブラ効果」と呼ばれるエピソードがあります。お話の概要はこうです。その昔、インドを植民地支配していたイギリス人の知事が、市中のコブラを駆逐しようとしてコブラに賞金をかけた。市民は真面目にコブラを捕獲するかと思いきや、コブラの存在を忌むべきものとは考えていなかった彼らは、なんと養殖して届け出てしまった。慌てて法律を撤回したら、今度はお金にならないということで、大量のコブラを解き放ってしまい、逆に増えてしまった、というお話です。これはプロジェクトにおける感想戦の着眼点を理解するのにぴったりなエピソードですので、これを例として説明したいと思います。

知事は、「市中のコブラを減らしたい」という獲得目標に対して、「殺処分して持ち込んだら報酬を与える」という中間目標を置きました。これを実現するために「あってしかるべきもの」とは、「財源の確保」「市民への広報」「持ち込まれたコブラの検分と支払い手続き」等があります。これらは問題なく実現したため、第一の局面では「コブラが持ち込まれ、それに対して報酬を支払う」という事象が発生したわけです。

ですがここで「あってはならないもの」についての考察が欠けていました。すなわち、「市民が行政を偽って利益を追求する姿勢」です。まさか市民が報酬のためにコブラを養殖するとは、夢にも思っていなかったのです。依頼したのは「市中のコブラを殺処分して持ち込むこと」だったにもかかわらず、実現したのは「もっと手軽に、養殖して持ち込むこと」となってしまったのでした。

このエピソードのクライマックスは、次の局面にあります。「法令を撤回したら、市民が街中にコブラを放ってしまい、逆に増えてしまった」のでした。ここでは「あってしかるべきもの」が不足していたことに気づいていなかったのです。すなわち、「市民と知事の、コブラは市中にいては困るという認識の共有」です。

自らコブラを養殖した時点で気づいてもよさそうなものですが、これこそがプロジェクトにおける思考の死角、というものです。特に、想定外の事態が発生している場合は、あわてて行う対処が事態を悪化させる、そんなことは頻繁にあります。

このように一つのプロジェクトを振り返ることで、別のプロジェクトに着手する際の参考にすることができます。筆者が過去に経験した類似のプロジェクトとしては、「押入れの奥に眠っている布団を集めて、外国の被災地に届けるボランティアプロジェクト」がありました。善意のもとにスタートしたプロジェクトでしたが、実際には、「ボロボロになって捨てるしかない布団の寄付」という「あってはならないもの」が発生したり、実はその被災地では、気候的に日本の布団は暑すぎて使えないという、「あってしかるべきものの不在」に直面したりと、さんざんなものでした。

不特定多数との協働という点ではコブラ効果の事例と似た面があり、もし当時、この教訓を認識していたら、もっと意味のある活動ができたのではないか……という慙愧の念がいまでもあります。

6-3

# 映画『シン・ゴジラ』を感想戦する

２０１６年7月、庵野秀明監督によるゴジラ最新作が大ヒットしました。ご覧になった方も多いと思います。かの映画におけるゴジラとは、想定外事象の象徴であり、それに対処するプロジェクトを描いた作品です。結果、ビジネスパーソンからの支持も絶大なものになりました。

本作もまた、プロジェクトにおける「あってしかるべきもの」「あってはならないもの」を考えるための格好のケーススタディとなりますので、プロジェクト感想戦の応用例としてご紹介したいと思います（以下、映画の内容に関する記述を含みますので、映画を新鮮な気持ちで見たいという方は申し訳ありませんが、ぜひ一度ご覧になった上でお読み下さい）。

まずは、あらすじを整理します。

物語は、ある日突然東京湾で水蒸気爆発が起きたところから始まります。慌ただしく動く日本政府ですが、原因は水蒸気爆発か海底火山かと、自然災害を想定していたところ、その原因が海の中に潜む巨大な生物だったと判明します。これを「巨大不明生物」と呼称し、事態の解決に奔走する日本政府中枢のメンバーたち。序盤では、「想定外」という言葉を連発し、事態に対して的確な対処ができない姿が描かれました。

中盤においては、当初の失敗を踏まえて、自衛隊の最大火力をもってゴジラを撃退しようと「タバ作戦」と命名された作戦が展開されましたが、あえなく失敗し、首都は甚大な被害を受けてしまいました。政府上層部も、ゴジラの攻撃によって事故死をしてしまいます。

終盤では、独自に発見したゴジラ撃退方法による解決を目指す主人公たちのプロジェクトチームがいよいよ大活躍します。核兵器による解決を図ろうとする国連との駆け引き、政治的決断を下す総理大臣と、プロジェクトの周辺事態もスリリングに展開します。主人公たちはといえば、必要物資を大急ぎで手配したり、難しい問題をあっと驚くアイデアで解決したりと、これぞまさにプロジェクトというお祭り騒ぎです。最終作戦「ヤシオリ作戦」が映画のクライマックス、怒涛の映像で繰り広げられるアクションシーンと、それを見守る主人公の静かにして厳かな表情が印象的でした。

このように、映画『シン・ゴジラ』では、大きく分けると三つのプロジェクトが描かれたのでした。本項では、序盤から中盤のタバ作戦までの四つの局面をプ譜で記述し、後藤、前田、担当編集者の３名による感想戦を行います。

以降は、感想戦の雰囲気をより具体的にお伝えするため、３名の鼎談・口語形式でお届けします。

## 巨大不明生物への対処:防衛出動命令の決断

### 所与の条件(リソース)

●獲得情報
・アクアトンネル事故発生
・巨大不明生物のTV中継

●人的リソース
・官房長官
（ファシリエーター）
・内閣危機管理監
（プロジェクトリーダー）
・各大臣
（プロジェクトメンバー）
・谷口&赤坂
（補佐）

●環境
・平常時におけるインシデント対応体制

●スタンス
・消極的
・できれば「下に任せて」解決してもらいたい

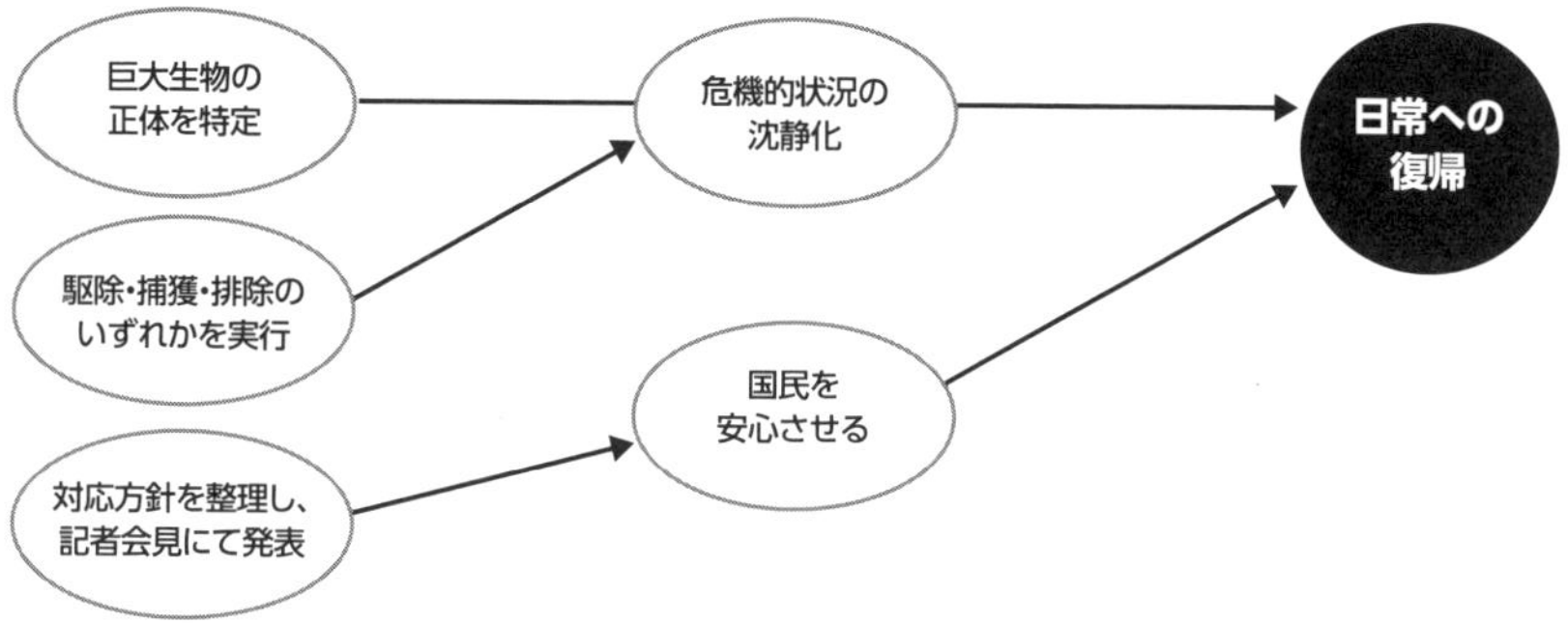


アクアトンネルにて事故発生。原因は新たな海底火山か大規模熱水噴出孔のいずれかであるとの想定のもと、危機管理体制を整備し関係省庁のリードのもと、対応を進めている矢先のこと、巨大不明生物が TV 画面に登場してしまった。積極的な害意は認められず、上陸もなさそうだとの楽観的憶測から、大河内総理は「国民の安心」を優先するシナリオを書いた。

## 巨大不明生物への対処：防衛出動命令の決断

### 所与の条件（リソース）

●獲得情報
・アクアトンネル事故発生
・巨大不明生物のTV中継

●人的リソース
・官房長官
（ファシリエーター）
・内閣危機管理監
（プロジェクトリーダー）
・各大臣
（プロジェクトメンバー）
・谷口&赤坂
（補佐）
・尾頭課長補佐
（アドバイザー）

●環境
・平常時におけるインシデント対応体制

●スタンス
・消極的
・できれば「下に任せて」解決してもらいたい

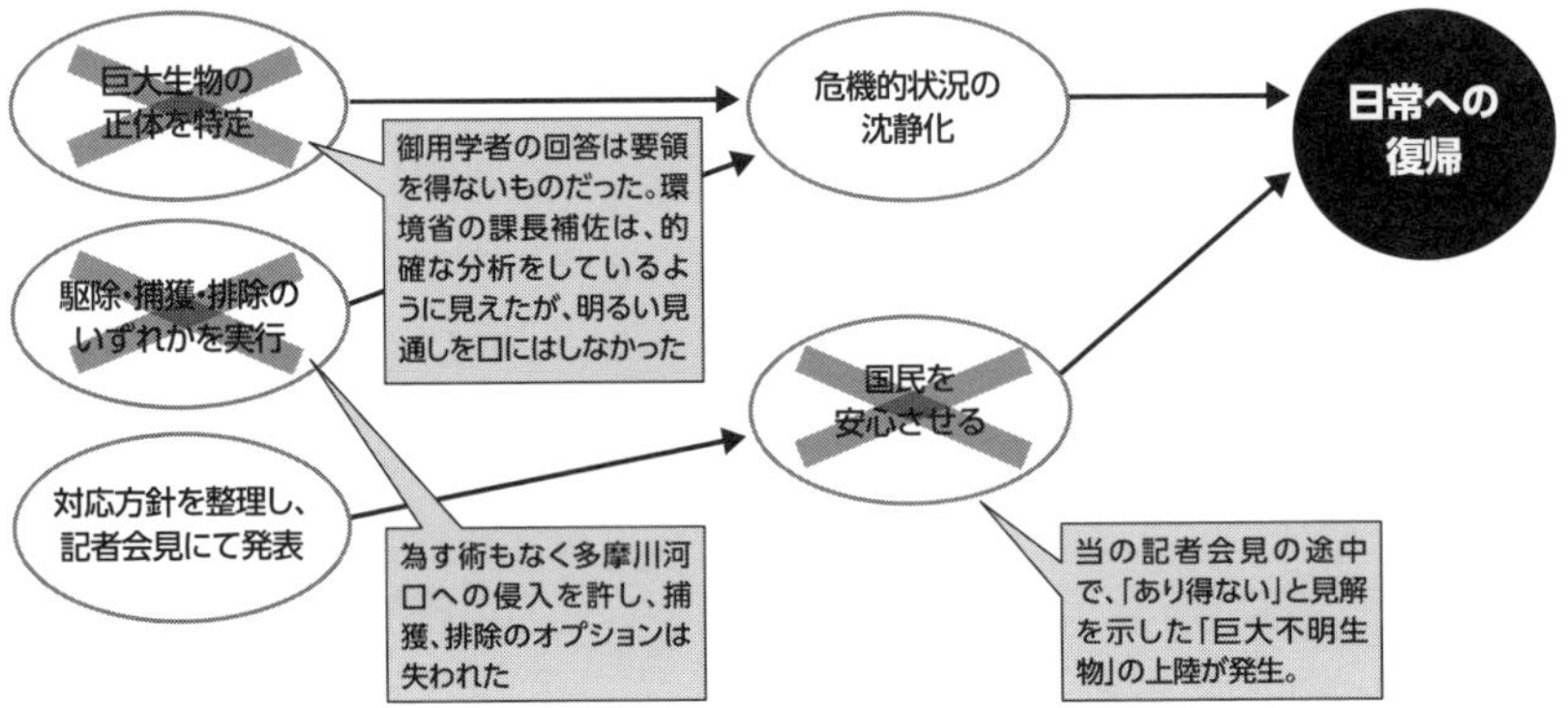


単なる「トンネルの崩落事故への対応」のイメージから出発した今回のプロジェクトが、想定を大きく超える原因によるものであるということが確定した。また、過去に類似した事象、それへの対処実績がない事案であることが確定。大河内総理大臣は、突如として、未知の事態において日本国民を守り、対処をリードする立場に立たさせるのであった。

――この映画の序盤では、楽観的な思い込みによって事態が悪化する様子が描かれていました。同じようなことは、映画だけではなく現実のプロジェクトでもよくあると思います。なぜそのようなことが起きるのか、また、起こさないためにはどうするか。そのあたりの考察から始めたいと思いますが。いかがですか。

後藤：プ譜に起こすと明確になりますが、冒頭で発想された打ち手はすべて奏功せずに終わってしまっています。なぜ、という問いに答えるためには、まずは、緊急事態におけるマインドセットについての洞察が必要ではないでしょうか。

緊急時に必ずあるのは、「これは緊急時じゃなくあってほしい」という願望だと思うのです。私の経験で言えば、業務システムの運用保守の現場で、障害が発生したときの対応が思い出されます。発生当初は、何がどの程度の規模で発生したのか、すぐにはわからない。大事に至らず自然解消に近い形で解消することもあります。映画のなかで「ただ今、噴火活動が急速に沈静化しているとの報告が入りました！」という報告があり、一同ほっとする描写がありましたが、ものすごくリアルに感じました（笑）

前田：そのマインドが、中間目的の設定に現れているのではないでしょうか。「国民を安心させる」とありますが、これは実は「自分たちが安心したい」ということだったのではないかと。どうなったら国民が安心するのか、という状態を突き詰めて考えていなかった。

後藤：本当は、この時点では「最悪事態の想定」がなされるべきですね。劇中、ゴジラが立つ可能性についてプロジェクトメンバーが言及しましたが、適切にキャッチされなかった。立ってほしくない、上陸してほしくないという願望が、冷静なシミュレーションの妨げになっていました。

――「最悪のシナリオを描くことができなかった」のが、第一局面における問題だった、と。

後藤：そもそも人は、想定した範疇のことでなければ対処ができないものです。逆に言えば、誰だって、その人なりの最悪のシナリオはあるわけです。第一局面における問題を正確に表現するならば、「当事者が想定した事態と、実際に起きたことに、悪い意味でギャップがあった」ということになると思います。

あの時点で総理大臣ならびに各閣僚が描く最悪の事態が、「周辺諸国に隙ありと認識されて、国防が危うくなる」だったとしたら、「軍事力の高さを諸外国に見せる」というシナリオを描いたかもしれません。そうすると初動が全然違うものになります。最初から最大火力をもって爆撃して、諸外国に対処能力を示す、とか。そういうプ譜もあり得たわけです。

――これが現実的だ、これぐらいだったら実現可能だと思っていたことが、実はその裏に消極的な願望が含まれていて、事態の打開に有効な施策を発想できなかった。一体どうすれば、有効な施策を発想できるのでしょうか。

後藤：何かが起きるたびに「想定外だ、仕方ないだろう」と結論を急ぐ大臣が象徴的に描かれていました。「自らの仕事は国民の生命を守り、国を維持する責任を尽くすことだ」という認識のもとに、「起きるはずがない」という思い込みを捨て、常にあらゆる事態を想定していれば、きっと違ったのだと思います。

――「起きるはずがないことを想定する」ということは、大きな矛盾があると思うのですが。

後藤：第一、第二局面の構造は、私たちの仕事や生活における様々なケースにあてはめることができそうです。企業の経営危機において、ただ事業を安定存続することを考える上層部と、リスクをとってでもピンチをチャンスに変えたい現場担当者、とか。あるいは、私生活においても、例えば夫婦関係において浮気が発覚したときに、夫と妻で想定する「最悪の事態」が全然違っていた、とか（笑）

このプ譜からの教訓は、緊急時においては、何を最悪の事態だと想定するのかで対応と結果がまったく違うものになる、というのが第一点。その上で、自分たちが安心したいという認知バイアスがかかっていないかを考えることが、認識不足を防ぐ可能性を高めてくれる、ということになりますね。

## 巨大不明生物への対処：防衛出動命令の決断

**所与の条件（リソース）**

**●獲得情報**
- ・巨大不明生物のTV中継
- ・尾頭課長補佐による視察

**●人的リソース**
- ・緊急対策本部
- ・都知事以下自治体職員
- ・警視総監
- ・谷口&赤坂（補佐）
- ・尾頭課長補佐（アドバイザー）

**●環境**
- ・日米安保の適用による米国の駆除活動の肩代わりは期待できない

**●スタンス**
- ・受動的

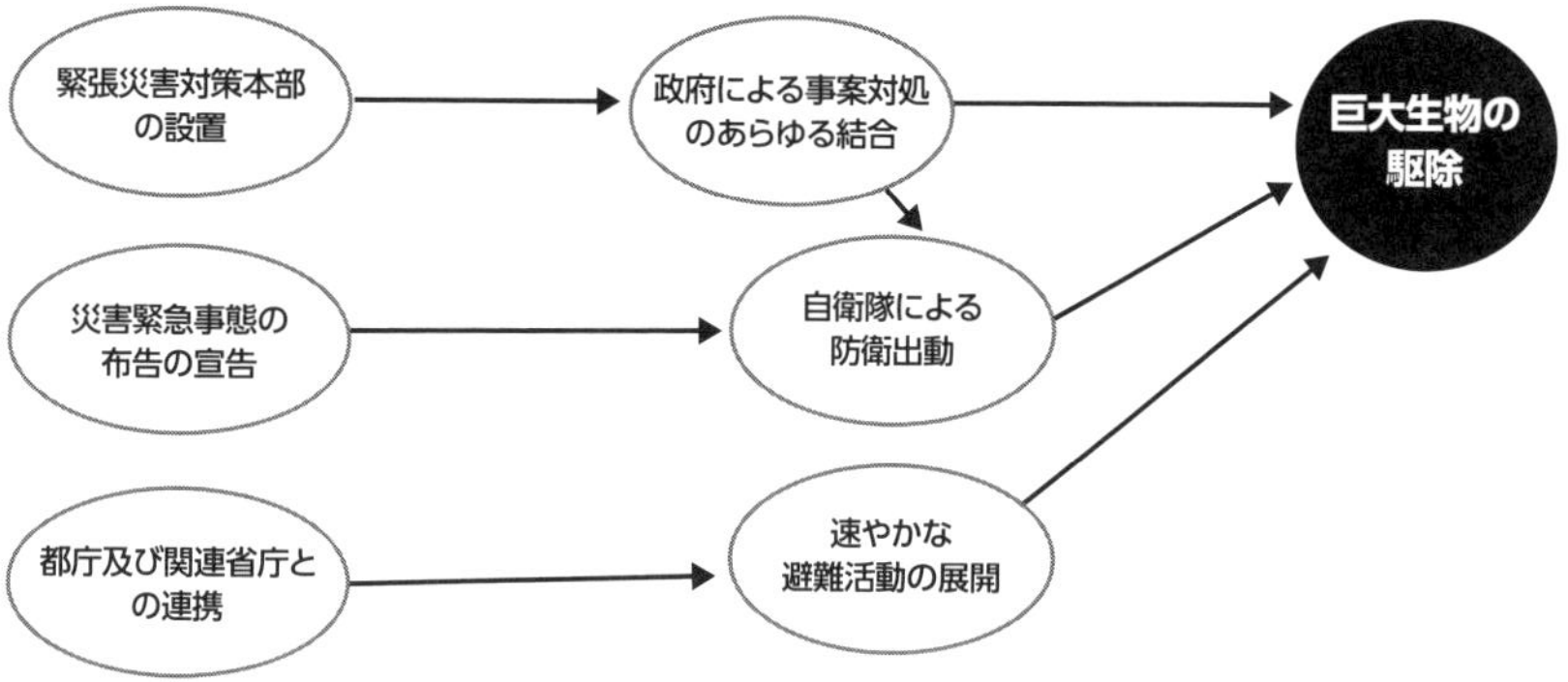


事態の深刻さについて認識を改めた大河内総理。誰がどうみても軍事力を行使することでしか対処不可能な状況。しかし法解釈の観点からも、布告する宣言内容の重大さを考えても、なんの覚悟も想定もなかった状態でいきなり意思決定をすること、その責任の重さには容易に耐えられるものではなかった。それでも側近に強く促され、自衛隊の出動を決断するのだった。

## 巨大不明生物への対処:防衛出動命令の決断

### 所与の条件(リソース)

**●獲得情報**
- ・巨大不明生物のTV中継
- ・尾頭課長補佐による視察

**●人的リソース**
- ・緊急対策本部
- ・都知事以下自治体職員
- ・警視総監

- ・谷口&赤坂（補佐）

- ・尾頭課長補佐（アドバイザー）

**●環境**
- ・日米安保の適用による米国の駆除活動の肩代わりは期待できない

**●スタンス**
- ・受動的

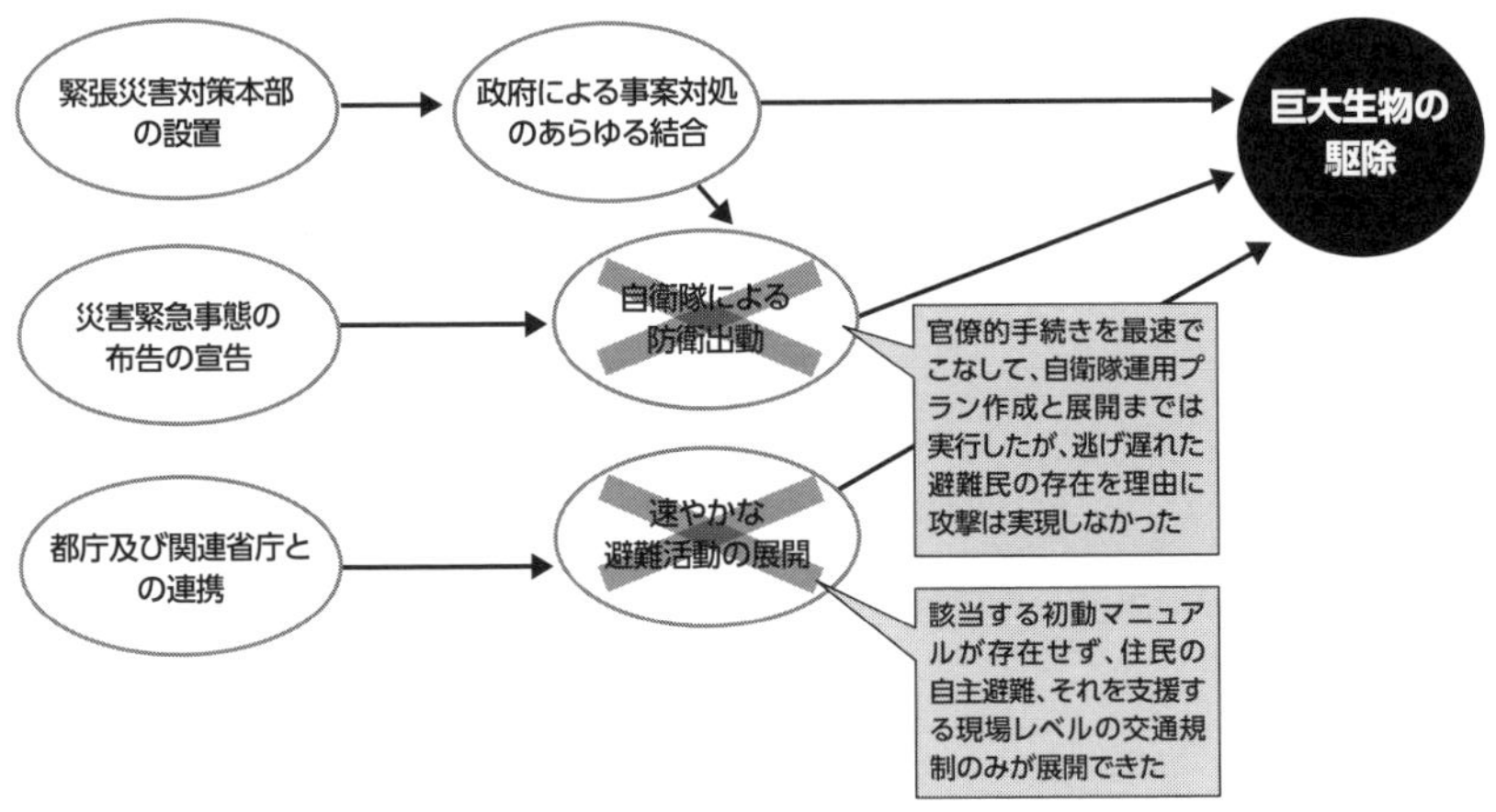


緊張災害対策本部の設置
災害緊急事態の布告の宣告
都庁及び関連省庁との連携
政府による事案対処のあらゆる結合
自衛隊による防衛出動
速やかな避難活動の展開
巨大生物の駆除
官僚的手続きを最速でこなして、自衛隊運用プラン作成と展開までは実行したが、逃げ遅れた避難民の存在を理由に攻撃は実現しなかった
該当する初動マニュアルが存在せず、住民の自主避難、それを支援する現場レベルの交通規制のみが展開できた

住民の避難は十分な効果を発揮するには至らず、ようやく決断した武力行使、日本国内における自衛隊の戦闘は、ギリギリのところで回避、なんの成果も生まれない結果となった。

一方で、巨大不明生物は自発的に海へと帰還し、ひとまず事態は沈静化したのだった。

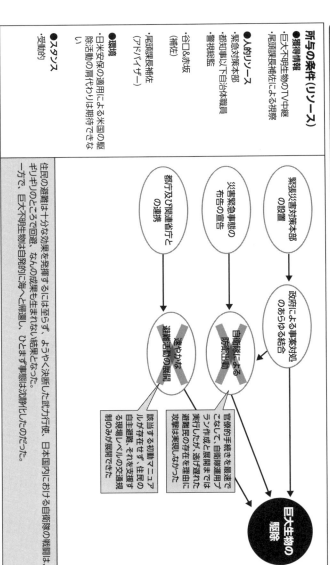

――第三、第四局面に進むと、状況が一変しています。日常への復帰とか、国民を安心させるというのは自分たちの願望にすぎなかったというのが露呈して、獲得目標も「巨大不明生物の駆除」に変わっています。

後藤：でもこの時点ではまだ受動的なんですよね。事態は推移していても、プロジェクトマネージャのマインドセットは変わってなかったという状態ですね。

――本当はこの時点で自衛隊による攻撃が実現していれば、駆除が成功していた。

後藤：なぜそれが出来なかったのか。逃げ遅れた避難民の存在を理由にして攻撃することを避けたわけですね。もし攻撃を実施して、そこで間違いがあったら自衛隊がなくなってしまう。自衛隊が存続の危機に陥るのが、今のこの局面における彼らにとっての最悪の事態だったのだ、という無意識が見え隠れします。意識を切り替えて、駆除を目標としていながらも「日常への復帰」への願望がプロジェクトを駆動してしまっていた。映画の最終盤では、日本そのものがなくなってしまうという危機が生じましたが、この時点では、到底そこまでは想定されていなかった。それゆえに、国民の安全よりも自衛隊の安全を優先していたということですね。

――攻撃ができなかったのには、一つはマインドセットの問題があった。もう一つは、そもそも最初の段階で最悪の事態を想定して避難計画を立てていなかったために、逃げ遅れた避難民が発生してしまっている。そういう意味でも、第一局面での対応の悪さをまだ引きずっていると言えるかと思います。

後藤：まさに、プロジェクト工学第三法則ですね。局面における諸施策の結果が、次の局面における制約条件としてビルトインされてしまう。悪手が悪手を呼んでしまっているわけです。現実のプロジェクトでも、何か問題が発生して今まさに目の前で炎上しているにもかかわらず、いわゆる損切りができずに、八方ふさがりになってしまうことがありますね。

前田：ここでは巨大不明生物の駆除が獲得目標になっていますが、中間目的に人命のことが何も入ってなかったのか、ということが気になりました。それほど人命優先なのだとしたら、それを中間目標かどこかで明確に定義しておくべきだったのではないでしょうか。

一人も犠牲を出してはいけない、という条件があるのだとしたら、避難活動の緊急度や重要度がもっと上がったはずです。一人も死者を出さずに、ということの表現がまだ甘かったのではないでしょうか。

後藤：明示されている獲得目標が「駆除」で、その裏に無意識としてあった勝利条件が「犠牲ゼロ」だった。既に多数の犠牲者が出ているのに、なぜあのおばあさんだけが特別扱いされたのか、私はここに不自然なものを感じていたのですが、今日やっと氷解しました（笑）。「自衛隊のミスによって人が死ぬのは存続に関わるので問題だが、ゴジラが人を殺すのは誰も責任を問われないので、致し方ない」というダブル・スタンダードが様々な問題の根源にあったのだ、と。

前田：人為的な失敗は許されないが、自然に起こったものは仕方がない、という話で、日露戦争のとき、戦闘で死んだ数よりも脚気で死んだ人の方が多かったという話を思い出しました。当時においても、「戦闘での死者を減らす」だけではなく「脚気（や感染病）などの病死を減らす」という中間目標を立てることができていたら、戦争の結果にも大きな影響を与えていた可能性がある。

後藤：獲得目標に対して、勝利条件が矛盾していたり、片手落ちになっていたりすると、不十分な施策が採用されてしまう、ということですね。そこで何かアクションしても、思わしい結果は得られない。悪手が悪手を呼び、右往左往して判断を下せないなかで、上陸して人が死ぬことに対しては誰も責任を取ろうとしない。真の意味での人命優先ではなく、あくまで責任回避でしかなかった。プ譜にすることでそれが見えてきますね。なぜ逃げ遅れた避難民を優先して、ゴジラによる死者は優先されなかったのか、と。

以上、駆け足になりましたが、まとめますと、第一・二局面からは、最悪の事態の想定と現実のミスマッチによる迷走の構造が明らかになりました。第三・四局面では、獲得目標と勝利条件の不整合が、作戦の失敗を引き起こしてしまうことが読み取れました。

映画では第四局面の締めにあたるシーンで「完璧ではないが、最善は尽くしている」というセリフがありました。この顛末から「最善を尽くしたので、犠牲はしかたなかった」という結論を導き出すのは、根底にある問題から目を背けさせることであるように思います。時と場合によってはそれでも運良く生き残る場合もあります。しかしプロジェクトが崩壊してしまう可能性もある。プロジェクトマネージャとして生き残る上で、とても大事な観点であるように思います。

# 6-4 まとめ

映画『シン・ゴジラ』の感想戦は以上で終了です。このプ譜は後藤が書き、それを見ながら前田、担当編集者が議論をするという進め方で行いました。感想戦を実施する場合、プ譜の記述者が時系列でプ譜を使ってプロジェクトの過程や、その時々の選択肢とそれを選択した理由、事象の解釈・表現といったことを説明し、それに対して参加者が質問をしたり、意見を述べたりといったフィードバックを繰り返しながら進めていきます。

自分ではなかなか変更できない、中止できない。何を切り捨て（あきらめ）、どのように施策や中間目的を変更するか、といったことを知るには、自分以外の誰かに状況を確認してもらうことが一番です。そのためには記録、すなわちプ譜が必要かつ有効であるということを体験頂けたことと思います。このように、感想戦の（当事者ではない）参加者にとっては、自分が関わる業界や製品に関係がなかったとしても、構造的に類似する施策や中間目的を見聞きすることで、自分のプロジェクトに応用するための「アナロジー」を鍛えることができます。

最後に、こうした感想戦に臨むにあたって、大事にして頂きたい態度について述べます。

感想戦はそのプロジェクトが終了した後か、プロジェクトの進行中に実施することがほとんどです。そして、その多くがうまく進んでいない状況にあることでしょう（うまく進んでいれば、感想戦を行う必要はないのですから）。そんな時、当事者ではない感想戦の参加者に求められるのは、「アサーティブ」な態度です。

「アサーティブ」とは、相手の価値観や人格を犯さない表現の仕方。受け身的でも攻撃的でもない第三の表現方法のことを指します。行動療法などに用いられることで知られていますが、アメリカでは小中学校のプロジェクト型学習（Project Based Learning）やリフレクション（振り返り）時など、グループ内で意見や考えの発表を行う際、感情的にならず、相手のことを尊重・理解しながら、自身の意見を述べる手段として注目されています。

参加者にとっては明らかにおかしい・非合理的と思える意思決定、中間目的や施策の内容も、当事者にとっては熟慮の結果だったかも知れません。或いは、当事者の置かれた状況ではそうした判断を行うことが難しかった可能性もあります。参加者はそうした相手の状況を鑑みた上で、感想戦に臨んで頂きたいのです。そして、プロジェクトの当事者もまた、彼らがそのような態度でいてくれることをベースに、感想戦を進めていかれることを期待します。

# 終章

人間らしい価値ある人生を送る唯一の手段とは、
自分のプロジェクトをもつことであり、
それを考えだして実現しようとすることなのだ、と。

イリヤ・カバコフ、エミリア・カバコフ『プロジェクト宮殿』

前章ではプ譜の感想戦を誌上体験頂きました。一人でプ譜を記述し、書き進めていくだけでは見落としてしまう、或いは、気づくことのない視点・アイデアなどを得られる期待感を抱いていただけたのではないかと思います。前章の感想戦で最も重要なポイントとして、「勝利条件をいかに表現するか?」というところがありました。

勝利条件の表現によって、中間目的や施策に影響を与え、回避できなかった事態を回避し、実現できなかった目標を実現することを、この最終章で「本書のプ譜」を題材に解説します。

これは本書を出版することで、どのようなことを成し得たいのかという筆者らの目標や思惑を、まさにその本の中で表現した前代未聞の試みです。

本書を題材に用意した勝利条件は三つ。

A. スケジュールに間に合わせて出版する
B. 本がたくさん売れる
C. 読者のプロジェクトがうまく進むようになる

## 勝利条件:A.スケジュールに間に合わせて出版する

### 廟算八要素

**●メンバー**

・後藤(著者)
・前田(著者)
・編集者

**●予算規模**

**●納期/リードタイム**

・2018年3月末出版
・同1月30日初稿

**●クオリティ**

・完全内製で、限られた時間でベストを尽くす

**●ビジネスモデル**

**●環境**

・後藤は第二子誕生後間もなく、育休取得中。大規模プロジェクトが終了したばかりで、まだ予断を許さない状況。

**●競合**

**●外敵**

・前田は6歳と2歳の娘のお世話(土曜は妻が出勤のため、ワンオペ育児で執筆時間が取れない)

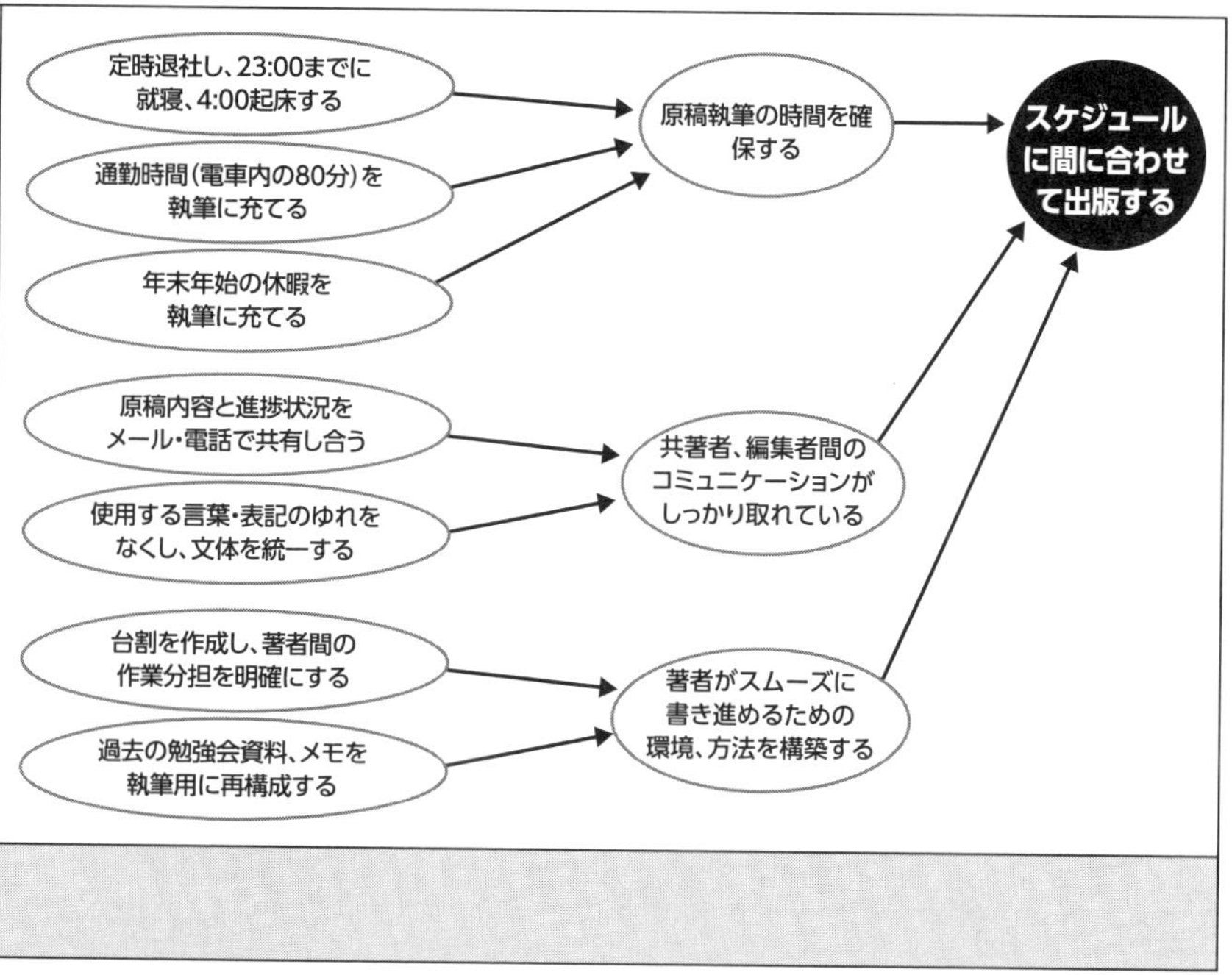
定時退社し、23:00までに就寝、4:00起床する
通勤時間(電車内の80分)を執筆に充てる
年末年始の休暇を執筆に充てる
原稿執筆の時間を確保する
原稿内容と進捗状況をメール・電話で共有し合う
使用する言葉・表記のゆれをなくし、文体を統一する
共著者、編集者間のコミュニケーションがしっかり取れている
台割を作成し、著者間の作業分担を明確にする
過去の勉強会資料、メモを執筆用に再構成する
著者がスムーズに書き進めるための環境、方法を構築する
スケジュールに間に合わせて出版する

## 勝利条件:B.本をたくさん売る(印税で稼ぐ!)

**廟算八要素**

**●メンバー**
- ・後藤(著者)
- ・前田(著者)
- ・編集者
- ・出版社営業担当者
- ・プロジェクト工学勉強会参加者
- ・書店員

**●予算規模**
- ・ほぼなし

**●納期/リードタイム**
- ・プロモーションの勝負は、発売前(2018年3月末)の1～2ヵ月間

**●クオリティ**
- ・「部数を増やす」工夫を盛り込む

**●ビジネスモデル**

**●環境**
- ・宣伝会議グループ
- ・プロジェクト型の仕事が増えている世の中

**●競合**
- ・プロジェクトをテーマにした書籍?

**●外敵**
- ・出版社営業担当者

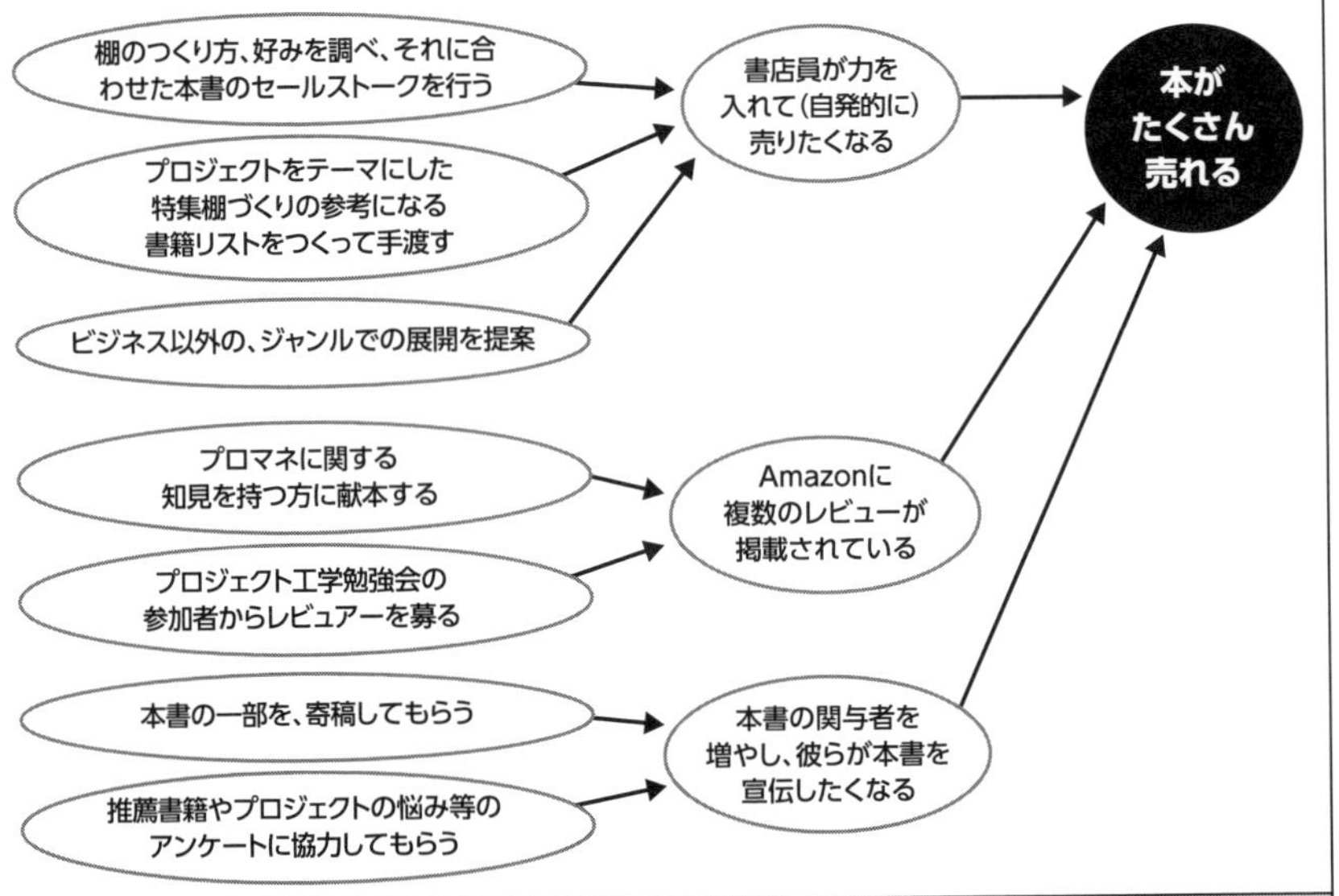

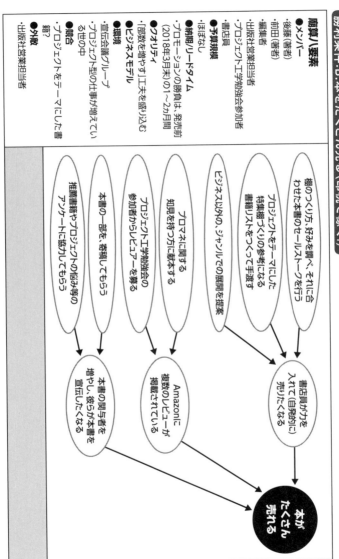

## 勝利条件:C.読者のプロジェクトがうまく進むようになる

**廟算八要素**

**●メンバー**
・後藤（著者）
・前田（著者）
・本書の読者
・プロジェクト工学勉強会参加者

**●予算規模**
・ほぼなし

**●納期/リードタイム**
・2018年3月末出版

**●クオリティ**
・後藤、前田がレクチャーするプ譜の作成
・後藤、前田がファシリテートする感想戦

**●ビジネスモデル**
・セミナー受講費
・勉強会会費

**●環境**
・宣伝会議グループ
・プロジェクト型の仕事が増えている世の中

**●競合**

**●外敵**

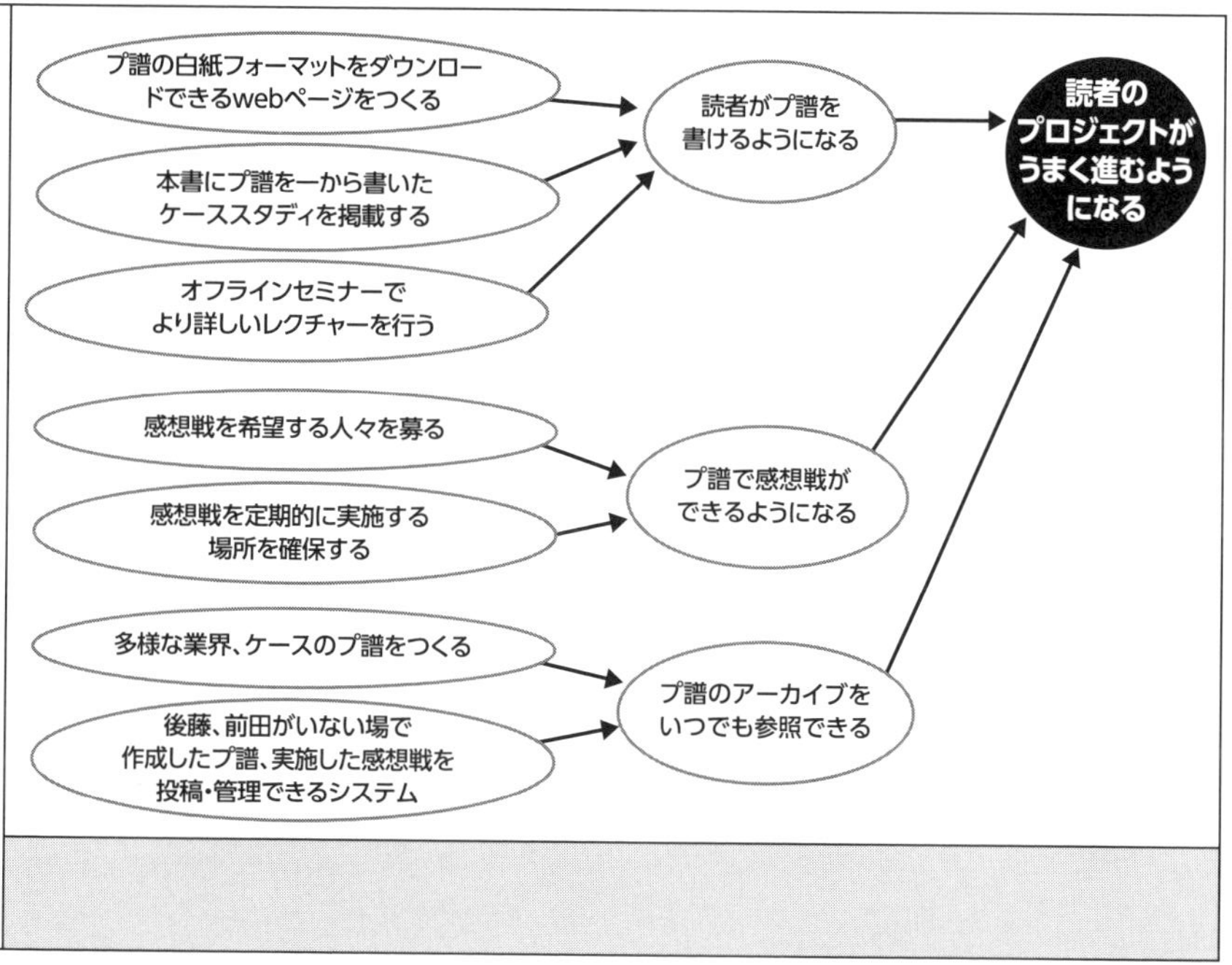

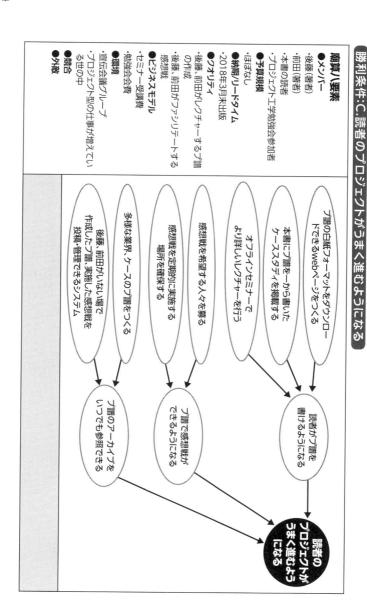

これらの異なる勝利条件を、ぜひみなさんのプロジェクトに引き寄せて読んで頂きたいのですが、Aの「スケジュールに間に合わせて出版する」は、webサイト制作やシステム開発など、決められた納期通りに納品するといったタイプのプロジェクトです。Bの「本がたくさん売れる」は、新規事業の売上目標を達成していくようなタイプ。Cの「読者のプロジェクトがうまく進むようになる」は、どちらかというと理念が先に立つ、抽象的なタイプです。

次に、それぞれの勝利条件によって選択された中間目的と施策をご覧下さい。ここまで本書をご覧頂いたみなさんには、もはや当たり前のようにとらえられると思いますが、同じ「本を出版する」というプロジェクトでも、その内容が驚くほど異なっています。

それでは、個々のプ譜を説明する前に、本書の出版プロジェクトにどのような背景・事情があったかを共有しておきましょう。

本書の出版が正式に決まったのは２０１７年下旬でした。出版のオファー自体はそれ以前に前田が受け取っていましたが、ぬか喜びはさせたくないという思いから、この出版企画は後藤と共有をしておりませんでした。

そんな中、出版時期が２０１８年3月中と決まりました。打合せの中で、これまでプロジェクト工学勉強会で制作してきた資料や、ビジネスメディアで執筆してきた記事などをベースにすれば、新たに書き起こす内容も少なくて済むであろうと、前田は楽観視していました（今、思えばこの楽観は、書籍の出版経験がないところから来ていました）。そして、出版が決まった日、前田は後藤にこの旨を伝え、編集担当者を交えた打合せを行います――。

ここまでの事情を共有した上で、まずはAとBのプ譜をご覧下さい。

編集者は当初の予定通り、2018年3月中に間に合わせることが最大の目標です。また、後藤の目標、というより懸案は、スケジュールに間に合わせることができるのか、ということでした。これは前田が後藤に本書の企画背景や目的、意図を十分に共有しておらず、何をどのように書けばいいのか、後藤と前田でどのように役割分担をするのかということを決めていなかったことが原因です。

一方、前田は「スケジュールは問題ない」と考え、本書がより多く売れるための施策に頭がいっていました。つまり、後藤と編集者の勝利条件は、Aの「スケジュールに間に合わせて出版する」こと。前田の勝利条件は、Bの「本がたくさん売れる」になっていたということです。

この勝利条件が異なると、中間目的や施策がまったく変わってきます。スケジュールに間に合わせるためには、普段はサラリーマンをしており、ともに幼児二人（前田は6歳と2歳。後藤は6歳と0歳の娘の父。特に後藤は第二子誕生間もない）のお世話で時間がとられる中、いかに執筆時間を確保するかということが重要です。また、執筆内容や作業分担を明確にしていくことも必要です。やることを絞り、やらないことを決める。そんな意思決定がこの種のプロジェクトには求められます。

では、Bの場合はどうでしょう？　より多く書籍が売れるには、現場の書店員の力が不可欠です。前田は書店員が本書を積極的に売りたくなるような仕掛け・提案を考え、プロジェクトをテーマにした棚や特集コーナーづくりを提案するための、本書と関連性の高い書籍リストをつくることを思いつきます。また、著者としてのネームバリューがないため、本書のテーマである「プロジェクト」や「編集」に関連するソリューション（プロジェクト管理ツールやコンサルティング）を提供している第三者に、本書の一部原稿を執筆してもらい、「自分も関わった本が出たぞ！」と宣伝してもらうといった施策を考えました。

しかし、この「関与者を増やす」という中間目的及びそれに連なる施策は、Aの勝利条件とはコンフリクトします。

スケジュールに間に合わせるためには、できるだけやらないことを決め、作業をコントロールしなければならないのに、関与者（執筆者）が増える（すなわち、変動する要素が増える）ということは、後藤、前田以外の人間の執筆内容を調整・管理しなければならないということです。文体や用語の統一はもちろん、いくらディレクションをするといっても、後藤と前田が本書で伝えたい内容と、大きく異なった内容を第三者が書いてしまった場合、それを修正させていくのは手間のかかる作業です。

Aがやるべきことを絞っていくのに対し、Bはやれることを広げていく。この違いが12月下旬の打合せで出てしまいます。

A派の後藤、編集者にとって、B派の前田が提案する「関与者を増やす案」は狂気の沙汰にしか映りません。B派の前田にはその消極的に映る態度が不満に感じます。書籍を出版するという点では一致しているのに、それをどのような勝利条件で行うのかが共有されていない（表出していない）ため、互いの口から出る（表出した）言葉だけで打合せをした結果、執筆内容や作業分担はほぼ決まったものの、後藤と前田の間には、なんとも微妙な空気が漂います。鋭い読者は「表出」という言葉を見て、「プ譜を書けばよかったのではないか」と疑問に思うでしょう。恥ずかしながら我々はこの時、この出版プロジェクトのプ譜を書こうとはしなかったのです。

ここで最も重要なのは、

「勝利条件の違いがそのプロジェクトの進め方と、プロジェクトに向かう態度・心理を決定的に異なるものにする」

ということです。

みなさんのプロジェクトでも、最終的な目標は同じなのに、勝利条件が異なるがゆえに、メンバーの意思統一が成されておらず、実施される施策がチグハグになったことはないでしょうか。そんな時はぜひ、勝利条件の共有を図ってみて下さい。

ここまでご覧頂いた、AとBのような対立的な図式は、出版だけではなく、歴史を遡れば、領土の積極的な（或は無謀な）拡大か内政強化かといった、幾多の王朝・王国が経験してきたことにも見いだせます。また、現代では事業規模や新規事業の創出か、現在のビジネスの安定的成長や社員の福利厚生の充実か、といった現代の様々な企業に共通することです。

A派とB派のような対立。もしくはABいずれかの勝利条件のもと、進めていたプロジェクトが行き詰まってしまった場合、どのように事態を打開すればよいのでしょう。

ここでもう一度ご覧頂きたいのが、C「読者のプロジェクトがうまく進むようになる」のプ譜です。本書を出版することで後藤と前田が成し得たかったことは何か。そもそも、プロジェクト工学を志したのはどのような理由だったか——ということに立ち返ると、自分自身が関わったプロジェクトがなぜうまくいかないか。その原因を解き明かし、プロジェクトをうまく進めていく方法を編み出し、それを、境遇を同じくするプロジェクトマネージャやリーダー職の人々と共有したいと思ったため、プロジェクト工学勉強会を始めたのではないか——ということが思い出されました。

この視点に立つことで、第四章でも紹介した、より俯瞰的な「観の目」で本書の出版プロジェクトを見ることができました。

本書を読むことで、読者のプロジェクトがうまく進むようにするには、やはりその内容をよくする・わかりやすくすることが肝要です。さらにはプ譜を自ら書き、他者と感想戦を行う場もあるべきでしょう。その活動は、本書の出版だけでなく、セミナーやコンサルティングにも広げることができるかもしれません。つまり、本書がより多く売れるに越したことはないが、それが最終的なゴールではないということです。

Ａ・Ｂ・Ｃそれぞれのプ譜をご覧頂き、既にお気づきの方もいらっしゃると思いますが、Ａ・Ｂ・Ｃのいずれも廟算八要素が異なっています。Ａではメンバーに入ることのなかった「書店員」が、Ｂではメンバーに入っている。Ａでは特に競合はないが、Ｂには競合がいる。これは、同じ所与の条件・リソースであっても、勝利条件によって、「見える」ものと「見えない」ものが出てくる、ということを示唆しています。

そしてさらに重要な点が、Ａ・Ｂのプ譜と、Ｃのプ譜では、「粒度」が異なる、ということです。Ａ・Ｂと、Ｃは同じ粒度では語られず、Ｃが最上位にあり、その下にＡもしくはＢのプ譜があるという図式です。つまり、Ｃの勝利条件のためには、Ａ（もしくはＢ）の勝利条件を満たす必要がある、という入れ子構造になります。

これを自在に使いこなすための方法を書こうとすると、さらにもう一冊分を要するため、本書では割愛しますが、その力はプ譜を使用した実際のプロジェクト経験と、感想戦などを通じて得られるものと確信しています。

ぜひ、まずはあなた自身のプロジェクトのプ譜を異なる勝利条件で書いてみて下さい。そして、最適だと思える勝利条件のプ譜を選び、そのシナリオに沿って進めていく。その過程で、勝利条件は変わることもあります。

その時、どのように勝利条件やそれに連なる中間目的の表現を変え、施策を立案していくか。そうした過程を経て、この本を手に取って下さった方のプロジェクトが、うまくいかない状態から、望ましい状態に移行したとしたら、本書の真価はそこで実現したということになります。

# あとがき

前田さんと出会ったのは、２０１２年の夏のことだった。たまたま同時期に新規事業をローンチし、互いにエゴサーチをするなかでツイッター上で知り合うという、一風変わった出会いだった。かれこれ6年ほどの時が経つなかで、特に実際に仕事をするわけではなく、ただ定期的に会い、プロジェクトの困難さについて語り合ってきたのだった。そのなかで冗談のように発したプロジェクト工学のコンセプトが、勉強会をやるとたちまち人気講座になり、こうして書籍を出版するということになり、これらはすべて彼の手腕によるもので、ますます驚嘆の思いを深めるばかりである。また一貫してネガティブ思考でチャンスよりはピンチに目がいきがちな私を、いつの間にかやる気にさせるのもまた、彼の行動力に負う所が大きい。

筆者個人にとっては、この２０１８年4月という時は、社会生活を開始して、ちょうど12年が経過し、年が一回りするというタイミングである。本書はその過程で思考し、現実的な各種の問題に取り組み、獲得してきた考え方や経験、また様々なメディアや書籍で執筆してきた内容のエッセンスを煮詰め、総まとめをしたものとなった。この社会を動かす原理とはなにか、いかにしてこの社会は成立しているのか。人とは一体、どのような存在なのか。これは幼少の頃から抱えてきたテーマであるが、ようやく、それに対する自前のフレームワークが、荒削りながら一つの形になったように思っている。

プロジェクトが、仕事が、私生活が、うまくいかない。何をやっても、どうやっても、思っていたのとは違う結末が訪れる。そこに不本意を感じる。そのことに対して、「なぜ」という疑問を投げかけたのが6年前のことであった。それを否定するのではなく、むしろ肯定することにこそ活路が開ける、そのような発想のもとに本書が生まれた。

本書の刊行プロジェクトが、本書で主張した通りに「思った通りにいかなかった」のは終章において語られている通りである。前田氏と開催した勉強会はまさに小プロジェクトといったところだったが、当然のように息はピッタリあい、すべてが順調だった。まさかその我々がプロジェクト進行で苦労するとは夢にも思わなかった。プロジェクトの進め方について語る人間が、自身のプロジェクトで苦労をするという、なんとも笑えない事態であったが、「プロジェクトが思った通りにいかないようにできている」を自ら立証したとも言える。それを乗り越えるきっかけとなったのが、「獲得目標」「勝利条件」のキーワードであったことも付記しておきたい。

プロジェクト工学は、筆者が専攻したサービス工学や知識工学の影響を色濃く受けているコンセプトである。学部で早々に卒業してしまい、卒論にはひとつの数式も含めることなく、ねこだましのようにして学位を許された不肖の門下生であるが、サービス工学は社会人生活のなかで常に我が胸と脳裏にあった。許されるならば、新井先生、下村先生、原先生に本書を捧げたい思いがある。不遜ながらも「工学」と銘打って、それを書籍として世に問う以上は、これをコンセプトの段階にとどまらせることなく、理論体系として深め、究めていき、元東大総長である吉川弘之先生が日本独自の学問として提唱した設計学（設計に関する汎用的知見を得ることを目標とする学問）に系譜する思想として確立したいという志がある。プロジェクト工学は、いまそのプロジェクトが立ち上がったばかりであり、これからいかなる獲得目標を描くのか、その勝利条件とはなにか、これを問い続ける日々が始まるのである。

後藤洋平

まず、本書を手に取って下さったみなさんに感謝します。

プロジェクト工学を特徴づける「プ譜」。これは、最初からプ譜というものをつくろうと企図していたわけではありませんでした。筆者が参加したプロジェクトの状況を正しく理解し、自分たちのリソースと状況との関係性の中で、今後どのようにプロジェクトを進めていくべきか。そのストーリーを可視化し、リアルタイムに更新していくための手段として書き始めたことからプ譜は生まれました。

プ譜を考案した時に直観したのは、プ譜もまたこの仮想演習のツールとなり得、また、後世の人々が自身のプロジェクトに取り組む際の参考となるアーカイブを提供できる、ということです。事業計画書の書き方、ビジネスモデルのつくり方に関するナレッジは数多く存在します。しかし、プロジェクトに関してはどうでしょうか？

プロジェクトの成功譚は枚挙にいとまがありませんが、どのような所与の条件と状況の変化のもと、どのように遭遇した事象に対処し、いくつかの選択肢から、それを決断し、実行・運用していったのか。その成功（失敗も含め）がどのようなプロセスを経たのか、といったことについて記述された、棋譜に相当するものは存在しません。

筆者らはこうしたプロジェクトのプロセスを、プ譜を使用してアーカイブし、プロジェクトに取り組む人々の参照物となる活動を、勉強会やセミナー、コンサルテーションを通じて収集し、世の中に提供していきたいと考えています。また、プ譜をさらに書きやすく、記録しやすくするためのアナログ・デジタルツールの開発も企画しています。これらの活動にご興味のある方は、ぜひ筆者らのブログ・サイトにご連絡下さい。

本書は多くの出会いの中から生まれました。共著者である後藤さんとの出会いは、後藤さんが先に書かれた通りです。彼なくしてこの本が生まれることはありませんでした。また、本書の出版社で書籍化を企画して頂いた宣伝会議の立岡さんとは、出版だけではなく教育講座や研修などでも長年のお付き合いです。担当編集者の栗村さんには、本書の執筆を力強く後押しして頂きました。また、当時受講していたイシス編集学校のレクチャーが「プロジェクトを編集する」というコンセプトを打ち立てるキッカケになりました。この他、ドコモ・イノベーションビレッジの皆様には、プロジェクト工学の勉強会の機会と会場を数度にわたり提供頂きました。この場を借りて、感謝申し上げます。

私の名前は「考歩」と書きます。私は意図せずしてプロジェクトマネージャとしてのキャリアを積んできましたが、プロジェクトとは、考えながら歩き（実行し）続ける行為であるという思いを強く持つようになりました。この名を与えてくれた両親に感謝の意を伝えたいと思います。

最後に、プロジェクト・エディティングの方法論には、当時3歳だった娘が大きく関与しています。私がプロマネの方法論に行き詰まっていた頃、娘がその成長・発達の過程で見せる情報の受け止め方、解釈のし方、表現のし方に驚きと強い興味を覚えたことが、認知科学や生態心理学に目を向かわせてくれました。ここで出会った様々な知識、研究成果をアナロジーにして、プロジェクト・エディティングは形成されています。

今の子どもは私たちよりもさらに未知な社会を生きます。そして、彼らはすべからく、自分の人生というプロジェクトを進めていかねばなりません。今後、プロジェクト工学、プロジェクト・エディティングの知識や方法が、読者のみなさんはもちろん、彼らの未来に貢献できるよう、今後も精進していく所存です。

前田考歩

## 【予定通り進まないプロジェクトを進めるためのブックリスト】

本書で提案してきたプロジェクトの進め方は、いわゆる「プロジェクトマネジメント」の方法論に限らず、様々な分野の知見に多くを負っています。紙幅の関係上、そのすべてをご紹介することはかないませんが、ここでは筆者らにとって特に重要かつ、読者の皆様にとって有益と思われる書籍を、一覧にしてまとめました。

これから様々なステークホルダーを相手に、手ごわいプロジェクトを進めていかなければならない読者のみなさまの、何かの手助けになれば幸いです。

『問題解決の心理学―人間の時代への発想』

プ譜を書いてプロジェクトを進めていく際に、手元に置いておきたい一冊。問題解決するための考え方、心理状態について多くの示唆を与えてくれる。

安西祐一郎（1985年、中央公論新社）

『仕事に必要なことはすべて映画で学べる』

ビジネスパーソンが直面する現実的な諸問題について、名作映画を通して勝敗論を語る本書。映画製作もまたプロジェクトであり、プロジェクトマネージャは本書で紐解かれる言葉は大いに参考になるはずである。

押井守（2013年、日経BP社）

『歴史とは何か』

究極のプロジェクトとは歴史そのものである。

歴史とは現在と過去との対話である、という有名な警句の出処である本書は、過去から我々は何を学ぶことができるのか（またはできないのか）について、考察をさせてくれる。

E・H・カー（著）清水幾太郎（訳）（1962年、岩波新書）

『戦争論〈上〉』

非常に抽象的で難解であることで有名な本書。

だがしかし、その上巻は、実際に手にとって挑むと、そのイメージとは違った表情を見せてくれる。

戦争が、あるいはプロジェクトがなぜ困難なのかについて、考察するには必携の書である。

クラウゼヴィッツ（著）篠田英雄（訳）（1968年、岩波文庫）

『学びの構造』

未知のプロジェクトでは、誰もその問題の解き方を教えてくれない。

解くためには常に学び続ける人間でいなければならない。そんな人間になるための方法について論じた一冊。

佐伯胖（1985年、東洋館出版社）

『アクティブ・マインド―人間は動きのなかで考える』

人間が「状況」に応じて、自分の知識を「編集」し直し、外界に働きかけることで、外界に変化を起こしていくプロセスを、アフォーダンス理論と実例から解き明かしていく。

佐伯胖、佐々木正人（1990年、東京大学出版会）

『セレンディピティの探求―その活用と重層性思考』

未知のプロジェクトでは、自分が意図しなかった打ち手が功を奏することがある。

そのためには「やってくる偶然」を期待するだけでなく、「迎えにいく偶然」が必要であることがわかる一冊。

澤泉重一、片井修（2007年、角川学芸出版）

『坂の上の雲』

兵棋演習の概要や効能の他、旅順要塞攻略戦は「問題の表現を変える」重要性、プロジェクトにおける「必要条件と十分条件」の判断を行う際の事例として参考になる。

司馬遼太郎（1999年、文藝春秋）

『いかにして問題をとくか』

情報や材料があるだけでは家が建たないように、未知の問題を解くためには、必要なところに適当な情報や材料をあてがわなければならない。そのための方法論が体系的に記されている古典的名著。


ジョージ・ポリア（著）柿内賢信（訳）（1975年、丸善）

『教養としての認知科学』

思考、学習における創発過程の研究を行う著者の考察と仮説からは、プロジェクトが行き詰った際の新たな一手を考えつくヒントが得られる。認知科学の入門書としてもお勧め。

鈴木宏昭（2016年、東京大学出版会）

『「こつ」と「スランプ」の研究 身体知の認知科学』

「からだ」の学びに、なぜ「ことば」が必要なのか？

プ譜では事象の受け止め方と記述の仕方が、その解釈やその後のプロジェクトの進め方に影響を与えることが、日常生活やスポーツを題材にわかりやすく学べる。

諏訪正樹（2016年、講談社）

『たった一つを変えるだけ：クラスも教師も自立する「質問づくり」』
教育現場での実践活動の書だが、ここで提唱されている「質問づくり」のスキルは、プロジェクトの勝利条件や中間目的を設定する際の方法としても大変活用できる。小中学生の子どもがいる方に特にお勧め。

ダン・ロスステイン、ルース・サンタナ（著）吉田新一郎（訳）（2015年、新評論）

『名将たちの決断』
世界史に残る戦争において、その勝敗をわけたのは他でもない名将の決断であった。膨大な資料調査と、徹底したフィールドワークによって集大成された本書はプロジェクト意思決定とは何か、それはどのようにしてなされるべきかについて強い示唆を与えてくれる。

柘植久慶（1995年、中公文庫）

『デザイン思考が世界を変える』
与えられた制約を受け入れるのではなく、目の前の問題が解決に値するかどうかさえも疑うデザイン思考は、プ譜においては特に勝利条件の設定と見直しを行う際の参考になる。

ティム・ブラウン（著）千葉敏生（訳）（2014年、早川書房）

『失敗の本質―日本軍の組織論的研究』
プロジェクトにおいて、メンバー間の情報共有の徹底はもちろん、その情報をどのような手段・方法で表現し、共有すべきかを、第二次大戦の日本軍の失敗から考えることができる。

戸部良一、寺本義也、鎌田伸一、杉之尾孝生、村井友秀、野中郁次郎（1991年、中央公論社）

『プロジェクト・ナレッジ・マネジメント―知識共有の実践手法』

プロジェクトという複雑かつ形式化が難しいものを、どのように記録し、共有し、振り返るかという手法と実践例が豊富な一冊。

ニック・ミルトン（著）、梅本勝博、石村弘子、シンコムシステムズジャパン（訳）（2009年、生産性出版）

『決定学の法則』

プロジェクトにおいて「豊かな選択肢」を持つことの意味や、意思決定に至る思考過程を可視化して、失敗を防ぐための方法が紹介されている。

畑村洋太郎（2007年、文藝春秋）

『はじめよう！ 要件定義 ～ビギナーからベテランまで』

ソフトウェアの企画・開発者向けではあるが、できるかぎり平易で読みやすくなるように執筆されている。技術的に深い内容のものはちょっと……という方にはオススメの一冊。

羽生章洋（2015年、技術評論社）

『先を読む頭脳』

羽生善治氏の思考方法、学習方法、勝負哲学に、人工知能と認知科学の視点から迫る。超熟達者がいかにして問題を解くのか。経験を活かして目の前の課題を解くとはどういうことなのか。プロジェクトにおける思考に通底する様々な方法論が書かれている。

羽生善治、伊藤毅志、松原仁（2009年、新潮文庫）

『自分の頭で考えるということ』

将棋の序盤戦の難しさ、打ち手を選択する際に気にする「進展性」など、対談の中で羽生がもらす一言一言を、具体的に自分のプロジェクトに置き換えて読むと大変面白い。

羽生善治、茂木健一郎（2010年、大和書房）

『［新訳］孫子　ポスト冷戦時代を勝ち抜く13篇の古典兵法』

世に数えきれないほどある孫子の解説書のなかで、筆者が推薦したいのはこの一冊である。

兵頭二十八（2008年、PHP研究所）

『アナロジー思考』

先例がないプロジェクトを進める上では、遠くの異なる世界・カテゴリーから「借りてくる」思考が欠かせない。アナロジーはプロジェクトに必須の力。

細谷功（2011年、東洋経済新報社）

『なぜ、システム開発は必ずモメるのか？』

実に、およそ7割が失敗するというシステム開発プロジェクト。その最悪の結末である「IT訴訟」の事例を参考に、トラブルの予防策と対処法が学べる1冊。案件の各フェーズにおける注意事項が網羅されており、実務家の座右にあって損はない一冊。

細川義洋（2013年、日本実業出版社）

『知の編集工学』

「編集」という言葉を狭義の意味ではなく、世の中の情報すべてを編集対象とする情報編集術が網羅されている。

松岡正剛（2001年、朝日新聞社）

『エコロジカル・マインド―知性と環境をつなぐ心理学』

アフォーダンスを理解する入門書として読みやすいが、注目したいのはその実験手法。

仮説に基づいて、「これなら測定できるだろう」という手法を思いつき、選択する方法は、
プロジェクトの施策の企画・選択の役に立つ。

三嶋博之（２０００年、日本放送出版協会）

『ＰＭＢＯＫが教えない成功の法則』

「手探り」プロジェクトをいかに炎上から救うのか。

本書で語られる１０９の「セオリー」は、中間目標を考えるうえでの発想の引き出しに入れておいて損はない。

本園明史（２０１７年、日経ＢＰ社）

『一下級将校の見た帝国陸軍』

第２次大戦の日本軍の失敗を、理論的に解き明かそうとしたのが「失敗の本質」であるとするならば、
これは現場目線の感想戦である。

戦略的な思考における虚構性やご都合主義が、いかに現実や現場に対してダメージを与えるのか。

山本七平（１９８７年、文春文庫）

『アブダクション―仮説と発見の論理』
新規事業コンサル屋が書く事業計画書と、
それに基づいて杓子定規に進めていくプロジェクトマネジメントでは絶対に越えられない壁を、
超える可能性を提示する「仮説と発見の論理」。必読。
米盛裕二（２００７年、勁草書房）

## 著者

### 前田考歩（まえだ・たかほ）

1978年三重県生まれ。自動車メーカーの販売店支援・CER事業、映画会社のeチケッティング事業、自治体の防災アプリ、保育園検索システム、夫婦の育児情報共有アプリ事業、魚の離乳食的通販事業、テレビCM制作会社の動画制作アプリ事業など、様々な業界と製品のプロジェクトマネジメントに携わる。プロジェクトに「編集」的方法を活かした、プロジェクト・エディティングを提唱、実践中。

企業のソリューションを活かしたワークショップやセミナーコンテンツの開発、ファシリテートを行う他、宣伝会議「web動画クリエイター養成講座」、「展示会出展実践講座」、「見込客を顧客に育成する セールスコンテンツ講座」の講師も務める。

### 後藤洋平（ごとう・ようへい）

1982年大阪府生まれ。2006年東京大学工学部システム創成学科卒。学生時代に大学発商品企画プロジェクトCommunication Center立上げプロジェクトへの参画から始まり、三次元高速試作サービス、アート&クラフト系新規事業開発、人材系新規事業開発、クラウド業務システムの導入プロジェクトと、ジャンル問わずにプロジェクトに取り組んできた、プロジェクト男。大小あわせて100を超えるプロジェクトを経験するなかで、プロジェクト工学のコンセプトを考案し、提唱中。

ビジネスメディアにおけるコラム執筆、書籍出版、雑誌寄稿等に取り組んでおり、人間臭く哀愁漂うコラムには定評がある。

# 宣伝会議 の書籍

## 社内外に眠るデータをどう生かすか
データに意味を見出す着眼点

蛭川速 著

データ分析の中でも、統計学などの小難しい知識ではなく、誰でも身に付けられる「着眼点の見つけ方」、「仮説の作り方」、「戦略への落とし込み方」などの一連のスキルを、ストーリーを通して学ぶ1冊です。

■本体1800円＋税　ISBN 978-4-88335-408-5

## 危機管理&メディア対応新・ハンドブック

山口明雄 著

マスメディア×ソーシャルメディアの力がますます強まるこの時代に必要な、最新の危機管理広報とメディアトレーニングについてまとめた1冊。何か起こる前に対策を練っておくためのテキストにも、緊急時のマニュアルとしても活用できます。

■本体3000円＋税　ISBN 978-4-88335-418-4

## マーケティング英語の教科書
完璧ではなくても、伝わる英語

松浦良高 著

ビジネスにおける英語は、完璧である必要はありません。本書では、ネイティブのようには話せなくても、ビジネスの現場で頻出する「型」を知って、効率的に現場で使える英語を身に付けることを目指します。

■本体1800円＋税　ISBN 978-4-88335-409-2

## 逆境を「アイデア」に変える企画術
崖っぷちからV字回復するための40の公式

河西智彦 著

逆境や制約こそ、最強のアイデアが生まれるチャンスです。関西の老舗遊園地「ひらかたパーク」をV字回復させた著者が、予算・時間・人手がない中で結果を出すための企画術を40の公式として紹介。発想力に磨きをかけたい人、必見。

■本体1800円＋税　ISBN 978-4-88335-403-0

詳しい内容についてはホームページをご覧ください　www.sendenkaigi.com

## 宣伝会議 の書籍

# ブランドのコラボは何をもたらすか
午後の紅茶×ポッキーが4年続く理由
午後の紅茶×ポッキー プロジェクト 著

おなじみの2ブランドのコラボはなぜ世の中から支持されるのか。そこに秘められた、構成メンバーの工夫・プロジェクトの進め方・時代にあった消費者とのコミュニケーションのとり方など、あらゆるノウハウをまとめた一冊。

■本体1800円+税 ISBN 978-4-88335-427-6

# 「欲しい」の本質
人を動かす隠れた心理「インサイト」の見つけ方
大松孝弘・波田浩之 著

ニーズからインサイトへ。いまの時代、消費者に聞くことで分かるニーズは充たされ、本人さえ気付いていないインサイトが重要に。人の「無意識」を見える化する、インサイト活用のフレームワークを大公開。

■本体1500円+税 ISBN 978-4-88335-420-7

# シェアしたがる心理
SNSの情報環境を読み解く7つの視点
天野彬 著

情報との出会いは「ググる」から「#タグる」へ。どのSNSとどのように向き合い運用をしていけばよいのか、情報環境を読み解く7つの視点、SNSを活用したキャンペーン事例などからひも解いて解説していきます。

■本体1800円+税 ISBN 978-4-88335-411-5

# なぜ「戦略」で差がつくのか。
戦略思考でマーケティングは強くなる
音部大輔 著

著者が、P&G、ユニリーバ、資生堂などでマーケティング部門を指揮・育成しながら築いてきたものをベースに、無意味に多用されがちな「戦略」という言葉を定義づけ、実践的な思考の道具として使えるようまとめた1冊。

■本体1800円+税 ISBN 978-4-88335-398-9

# 予定通り進まない
# プロジェクトの進め方


| | |
|---|---|
| 発行日 | 2018年 4月 1日　初版<br>2018年12月31日　初版 第二刷 |
| 著　者 | 前田考歩・後藤洋平 |
| 発行者 | 東 彦弥 |
| 発行所 | 株式会社宣伝会議<br>〒107-8550　東京都港区南青山3-11-13<br>tel.03-3475-3010（代表）<br>http://www.sendenkaigi.com/ |
| 装丁・DTP | ISSHIKI |
| 印刷・製本 | 株式会社暁印刷 |

ISBN 978-4-88335-437-5　C2063



Printed in Japan